연세대학교 교목실 기획 시리즈1

선교사와 대학

연세대학교 교목실 편

다바르
Dabar Bible School

호러스 그랜트 언더우드가 26세의 청년으로 우리나라에 와서 젊은 청년들의 미래를 위하여 고등교육기관의 발판을 마련하였던 시기에 지구 반대편 네덜란드 암스테르담에서는 아브라함 카이퍼라는 신학자가 기독교적 정신을 담은 고등교육기관인 암스테르담 자유대학을 세웠다. 영국에서 미국으로 이민을 갔던 언더우드가 신학을 공부한 곳이 바로 네덜란드 개혁주의 신학자들이 세웠던 뉴브런즈위크 신학교였다. 두 사람은 여러 공통점을 지닌 동시대인으로서 개혁주의 전통을 이어받은 신앙인으로 기독교 대학의 발판을 마련한 것이다. 지난해 바로 이 두 사람 간의 접점과 오늘날 이 두 사람이 세운 대학을 비교 연구하고자 연구 학기에 필자는 자유대학에 가서 머물렀었다. 연세대학교에서 오래된 건물들이 위치한 중간 지점에 언더우드의 동상이 있는 것처럼 자유대학에도 중요한 공간에 설립자 아브라함 카이퍼의 흉상이 있다. 연세인들뿐 아니라, 연세 공동체를 찾는 많은 사람들이 꼭 사진 찍고 싶어 하는 곳이 언더우드 동상인 것에 비해, 이 카이퍼의 흉상은 그렇게 주목받고 있는 것처럼 보이지 않았다. 필자는 지나가던 학생에게 사진 한 장 찍어 줄 것을 부탁하며 이 사람이 누군지 아느냐고 물었는데, 모르고 전혀 관심 없다는 썰렁한 대답이었다. 주변에 다른 학생들에게 물어도 대답은 거의 비슷했다. 우리 연세 학생들에게 언더우드 동상 앞에서 이 동상의 인물이 누구인지 물을 때 나오는 반응과는 사뭇 달랐다. 우리에게는 설립의 역사에 대한 이야기를 이어가고 그 정신을 오늘에 되살려 내고, 21세기의 다양한 도전 앞에서 새롭게 접목하려고 하는 의지가 훨씬 강한 듯하다.

1885년 언더우드가 알렌과 함께 서양식 병원 광혜원(제중원)에서 의료선교와 교육선교를 함으로써 시작되었던 연세대학교 이외에 국내에는 여러 유형의 선교사들의 노력으로 시작된 교육기관들이 많이 있다. 4년제 대학교를 기준으로 한국에 설립

된 대학으로는 배재대학교(1885), 이화여자대학교(1886), 숭실
대학교(1897), 계명대학교(1899), 평택대학교(1912), 한남대학
교(1956)가 있다. 한국 개신교 최초의 고등교육기관일 뿐 아니
라, 우리나라 고등교육의 효시가 되는 연세대학교에는 전 세계
어디에도 그 유례를 찾아볼 수 없는 아주 소중한 유산들이 캠퍼
스 곳곳에 아롱져있다. 그런데 연세대학교만이 아니라 여기에
언급된 대학들 모두 아주 중요한 가치를 품고 있고 특색 있는
역사를 지니고 있다.

　　이 저서의 집필 목적은 이 대학들의 설립에 깊이 관여한 선교
사들과 이 대학들이 갖는 연세대학교와 언더우드와의 관계성을
공시적이며 통시적으로 살펴봄으로써 연세대학교와 언더우드
의 교육 선교가 갖는 의미를 찾아보고 다른 대학들의 설립 이야
기도 소개하고자 하는 것이다. 구한말 조선의 암담한 현실 가운
데에서 청년들에게 희망을 심어주고 복음의 빛으로 새로운 시
대를 밝히려는 선교사들의 노력은 연세대학교에서만 꽃피운 것
은 아니었기 때문이다. 이를 위해 이 땅에서 교육 선교에 투신
한 선교사들과 그들이 세운 대학들의 배경과 정체성을 확인하
고 분석해 보려 한다. 전국에 흩어진 7개의 4년제 기독교 대학
들을 중심으로 어떤 선교사들이 어떤 교육선교를 펼쳤는지 확

인하는 이 작업은 연세대학교의 교육선교를 객관적으로 분석할 수 있는 토대 연구로써도 필요하며 향후 여러 형태의 심화된 후속연구로 이어질 수 있겠다.

이제 이 책을 펼치는 순간, 독자들은 연세대학교의 설립자 호러스 그랜트 언더우드(Horace Grant Underwood), 이화여자대학교의 설립자 메리 플레처 벤튼 스크랜튼(Mary Fletcher Benton Scranton), 숭실대학교의 설립자 윌리엄 마틴 베어드(William Martyn Baird), 평택대학교의 설립자 아더 태펀 피어선(Arthur Tappan Pierson), 한남대학교의 설립자 윌리엄 린튼(William Alderman Linton), 배재대학교의 설립자 헨리 게어하드 아펜젤러(Henry Gerhard Appenzeller), 계명대학교의 설립자 에드워드 아담스 (Edward A. Adams)의 다채로운 이야기에 매혹될 것을 기대한다.

각 장은 대학의 설립에 공헌한 대표적인 선교사 1인의 삶과 사역을 소개하는 것으로 시작되어 선교사의 삶의 지평 속에 어떤 의도와 과정으로 학교(대학)를 설립하게 되었는지 알려주며 각 대학이 어떤 발전 과정을 통해 지금의 모습을 갖게 되었는지, 그리고 그 발전 과정에 어떤 기독교적 가치와 학원 선교의 노력이 담겨 있는지로 구성되었다. 가능한 한 학술적인 가치를 담은 전문성을 바탕으로 하였으나, 대중성을 확보하기 위하여 노력하였고 이해를 돕기 위한 사진들도 곁들였다.

이 책은 뿌리 찾기의 중요성뿐 아니라, 이후 복음의 씨앗이 우리나라 곳곳에 흩어져 있는 고등교육기관에서 어떻게 자랐으며 향후 한국 사회에 개신교 교육이 공헌한 것이 무엇인지를 후속적으로 연구할 수 있는 토대 연구로써의 가치도 지닌다고 볼 수 있겠다.

분량으로 보면 아주 얇은 책이지만 어떤 책이든 세상에 나오기까지 감사해야 할 대상이 늘 많은 법이다. 무엇보다도 이 책이 발간될 수 있도록 좋은 제안을 해 주신 연세대학교 서승환 총장님과 재원을 기꺼이 마련하여 지원해 주신 김갑성 기획실장님께 진심으로 감사드린다. 그리고 이 책의 각 장을 맡아서 비교적 짧은 기간임에도 불구하고 훌륭한 원고를 효과적으로 작성해 주신 박사님들에게 아낌없는 박수와 함께 깊이 머리 숙여 고마움을 전하고 싶다. 끝으로 이 책의 기획에서부터 발간까지 보이지 않은 곳에서 수고한 두 분의 성함을 언급하는 것으로 감사의 인사를 끝맺어야 할 듯하다. 연세대학교 교목실에서 연세 공동체를 섬기는 교목으로서, 연세대학교 연합신학대학원 교수로서, 대학교회와 삼애교회를 섬기는 목사님으로서 너무나 다방면에서 수고를 아끼지 않으시는 곽호철 박사님과 정용한 박사님께 말로 다 할 수 없는 감사함을 전한다. 아무쪼록 이 책이 많은 사람들에게 우리가 걸어온 발자취를 돌아보며, 더 밝은 미래를 내다보는데 조금이나마 도움 되기를 바라는 마음 간절하다.

2023. 7. 26

연세대학교 루스채플에서

정미현

(연세대학교 교목실장/
연세대학교 연합신학대학원 교수)

목

차

언더우드
(H. G. Underwood)와
연세대학교

홍승표 박사

연세대 연합신학대학원 강사

호러스 그랜트 언더우드

1. 언더우드의 생애와 선교

언더우드(H. G. Underwood, 원두우[元杜尤])는 1859년 7월 19일 영국 런던에서 존 언더우드(John Underwood)와 엘리자베스 메리(Elizabeth Grant Maire) 사이의 6남매 중 넷째로 출생했다. 언더우드는 초교파적이면서도 경건한 기독교 신앙 전통을 지닌 가정 풍토 속에서 유년기를 보냈으며, 아버지의 사업 실패로 1872년 가족이 미국으로 이주해 새로운 삶을 개척하게 되었다. 이때 언더우드는 오랜 시간 몸담았던 회중교회를 떠나 네덜란드 개혁교회로 옮기게 되었으며, 그를 특별히 아꼈던 그로브교회 메이븐 목사의 배려로 헤스브루크 소년학원에 들어가 공부했고 1877년에는 뉴욕대학교에 입학하게 되어 폭넓은 교양을 함양할 수 있었다. 그 후 목회자와 선교사로 훈련받기 위해 뉴브런즈윅 신학교에서도 수학했다.

유럽과 미국의 다양한 교육환경과 개신교 교파교회를 접한 언더우드는 어려서부터 서로의 차이를 조화와 관용으로 극복하는 유연한 태도를 체득할 수 있었으며, 이는 훗날 그가 한국에 초교파적인 연합기독교대학을 설립하고자 하는 개방적이고 진취적인 사고와 행동의 토대가 되었다.

언더우드는 1885년 4월 미국 북감리회의 아펜젤러(H. G. Appenzeller) 선교사와 함께 한국의 초대선교사로 내한했으며, 대한성서공회, 대한기독교서회, YMCA, 새문안교회, 피어선신학교 등의 설립을 통해 한국기독교 선교의 초석을 놓았다. 또 「그리스도신문」, 「예수교회보」 등의 창간, 「한영자전」, 「한국어문법」, 「찬양가」, *The Call of Korea* 등 수많은 책을 출간하기도 했다. 그는 한국 개신교 여러 교파들의 연합사업에도 헌신했으며, 그 마지막 결실로서 조선기독교대학(연희전문학교)을 설립했다. 그는 이 대학의 설립 직후 건강이 악화되어 귀국하였으며 10월 12일 미국 애틀랜틱시에서 57세의 나이로 별세했다.

2. 언더우드의 교육사업과 조선기독교대학의 설립

1) 언더우드의 초기 교육 선교

언더우드가 최초의 내한 선교사로 함께 입국했을 당시는 미국 공사관 의사였던 알렌(H. N. Allen)이 한국 최초의 근대식 병원이자 의학교였던 제중원(濟衆院, 개명 전까지는 광혜원〈光惠院〉)을 설립해 놓은 직후였다. 언더우드는 이곳에서 '물리'와 '화학' 그리고 영어를 가르치는 교사로서 선교사역을 시작했다. 언더우드는 내한 전부터 한국에 기독교 정신에 입각한 대학 설립의 포부를 밝힌 바 있으며(1885. 2.18 편지), 이러한 제중원 교사 사역을 통해 그러한 의지가 더욱 견고해질 수 있었다.

> 이곳에서는 왕립병원(제중원)과 의사양성학교 및 지금
> 내가 시작한 고아원(언더우드학당, 이후 경신학교)이
> 있으나 우리에게 절실히 필요한 것은 새로운 기독교
> 대학의 설립입니다(H. G. Underwood's letter to Dr.
> Pierson, November 27. 1887.).

즉 언더우드는 내한 직후부터 이미 교육 선교의 궁극적 목표로 기독교 정신에 입각한 종합대학교의 설립을 염두에 두고 있었던 것이다. 또한 그 꿈의 모체로서 제중원의학교를 확장, 발전

광혜원 (연세대학교 홈페이지)

시켜 나가고자 했다. 바로 이러한 언더우드의 꿈이 이후 설립되는 조선기독교대학(연희전문학교)과 세브란스의학교(제중원)의 통합을 가능하게 했던 정신적 뿌리가 된다.

언더우드는 1890년 이후 제중원의 교수진 확보와 경영 안정을 위해 미국과 캐나다로 건너가 제중원의 재정적 지원을 호소함과 동시에, 새로운 의료진 확보를 위해서도 애썼다. 그 결과 토론토 의과대학 교수에 봉직하던 에비슨(O. R. Avison)을 설득해 그가 1892년 제중원의 책임자로서 내한할 수 있도록 이끌었다. 이 일은 제중원이 새롭게 도약하여, 이후에 세브란스의학교와 병원으로 발전할 수 있는 중요한 전환점이 되었다. 또한 언더우드는 1904년 완공된 세브란스병원, 의학교의 건축과 행정 등의 제반 실무 절차를 가장 앞장서 수행함으로써 세브란스의학전문학교가 명실상부 한국 최고의 병원 및 의학교육기관으로 자리매김할 수 있도록 견인했다. 이렇게 언더우드의 교육선교에 대한 열정과 비전을 곁에서 충분히 이해하고 협력한 바 있는 에비슨이, 이후 언더우드 소천 직후부터 18년간 연희전문학교와 세브란스의학전문학교의 교장을 겸직했던 사실은 지극히 자연스러운 결과였다.

언더우드는 1886년 5월 11일 고아들을 모아 교육을 실시하는 '언더우드 학당'을 개원하여 교육사업에도 주력했다. 이것이 바로 훗날 경신학교(敬新學校 ; the Jone D. Wells Academy for Christian Worker)로 발전하는 뿌리가 되었다. 이 학당은 한국의 독립을 위해 투신했던 인물들을 많이 배출했는데, 대표적으로 도산 안창호와 우사 김규식을 들 수 있다. 경신학교는 이후 감리회의 배재학교와 대학부를 통합해 기독교연합대학의 설립을 위한 중요한 한 축을 담당하게 되었다.

2) 조선기독교대학의 설립(1915)

언더우드는 세브란스의학교가 본격적인 궤도에 올랐던 1906년부터, 서울에 초교파적인 기독교 고등교육기관을 설립해야 한다는 계획을 점차 구체적 실천으로 옮기기 시작했다. 당시 서울에 대학을 설립해야 한다는 생각은 언더우드뿐 아니라 서울 주재 선교사들의 공통된 생각이었다. 특히 세브란스의학교의 교장이었던 에비슨은 이 일에 가장 적극적으로 협력했고, 미국 북장로회 선교본부도 1906년엔 서울의 대학설립 준비를 허락했다. 1908년엔 평양과 서울 두 곳 모두에 각각 대학을 설립할 방침까지 언명하였다. 그때부터 언더우드는 부지런히 '한국교육기금'이라는 명목의 재단을 구성하는 데 온 힘을 쏟았으나, 평양의 숭실전문학교를 중심으로 한 선교사 그룹들의 대대적인 반대에 부딪히게 되었다. 그 결과 1909년 미국 선교 본부에서는 대학 설립비로 청구했던 1만 달러의 지급을 취소했고, 다음 해엔 서울의 대학 설립 안을 보류하고 말았다.

이렇듯 그의 사업계획에 지속적인 반대와 공격으로 차질이 빚어지자 언더우드는 적잖은 실망과 큰 좌절을 겪어야 했다. 그러나 그 와중에도 그는 1912년 미국으로 건너가 대학설립 지원 운동을 전개했으며, 당시 언더우드 타자기 회사를 경영하고 있던 자신의 형 존 토마스 언더우드(J. T. Underwood)에게 거금 5만 2천 달러의 지원을 약속받았다. 그리고 마침내 1912년 미국 북감리회 총회에서 한국에 초교파적인 기독교 고등교육기관을 설치할 것을 결의했으며, 1914년에는 미국 북장로회의 경신학교와 북감리회의 배재학당 내에 각각 임시대학과를 설치하여 연합대학 학생들은 자기 모교의 대학부를 찾아가 등록하기에 이르렀다. 이것이 1915년 이 두 대학부가 통합하여 설립된 연희전문학교의 '예비 대학부(College Preparatory Class)'였다. 결국 1912년부터 3년간 이뤄진 감리회와 장로회의 대토론 끝에,

1915년 3월 5일 비로소 서울 정동과 연지동의 두 임시대학부의 통합조직이 완성되었고, 4월 24일에는 미국 북장로회, 미국 남·북감리회, 캐나다장로회가 연합하여 그 중립지대라 할 수 있는 종로의 YMCA 대강당에서 개교를 하게 되었다. 이것이 바로 산고 끝에 빛을 본 '조선기독교대학(Chosen Christian College, 연희전문학교)'의 탄생 순간이었다. 이는 그동안 연합과 일치의 실천을 모색했던 언더우드의 에큐메니컬 정신으로 성취한 기독교대학이라는 큰 결실이었다.

언더우드는 1915년 조선기독교대학의 설립 과정으로 심신이 크게 쇠약해졌으며, 결국 1916년 10월 12일, 휴식차 떠났던 고향 땅 미국에서 눈을 감고 말았다. 언더우드의 대학 설립 이후 새롭게 조성해 나갈 대학 캠퍼스와 학교의 발전과정은 그의 벗 에비슨과 그 외아들 원한경(元漢慶, H. H. Underwood)에게 맡겨졌다. 에비슨과 원한경은 설립자 언더우드의 정신을 이어받아 조선기독교대학을 일제강점기의 암울함 속에서도 민족의 얼과 정신을 지키며 한국 동포의 아픔에 함께하는 학교로 세워 나갈 수 있었다.

조선기독교대학(연희전문학교)은 여러 기독교 교파들이 서로의 차이를 극복하며 서로 연합하는 정신 위에 세워진 초교파 기독교대학이었으며, 1917년, 일제 총독부로부터 사립 연희전문학교로 설립 인가를 받게 되었다. 그때 제출한 학교의 교육목적은 다음과 같았다.

"본 교는 조선교육령에 의한 전문학교에 기초하여 조선인 남자에게 문학, 신학, 농학, 상업학, 수학 및 물리학, 응용화학에 관한 전문교육을 실시하는 것을 목적으로 한다." (학칙 제1조)

연희전문학교의 교육방침은 기독교 정신 하에 동서고금 사상의 절충, 즉 학교 창립 정신에 입각한 신과의 설치를 비롯하여 선진 국가의 정신 과학 수입을 통해, 상업 진흥을 위한 선도자 양성, 자연과학 이론의 실생활에의 적용, 농업에 대한 실용 지식의 함양 등을 목표로 문학, 신학, 농학, 상업학, 수학 및 물리학, 응용화학에 관한 전문교육을 실시하고, 종교적 정신의 함양으로 인격의 도야를 기해 독실한 학구적 성취를 기도(企圖)하되, 학문의 정통에 대한 실용적 능력을 겸비한 인재를 양성하여 민족의 지도자를 배출하는 데 두었다.

3. 언더우드의 대학 설립 정신과 오늘의 교육

언더우드의 교파를 초월한 협력을 통해 이루어진 이러한 교육 계몽 활동들은 그가 인생을 마감하기 직전, 대학설립이라는 마지막 대업을 이룰 수 있게 한 훌륭한 반석이 되었다. 그의 한국 민족과 사회를 향한 사랑과, 교파를 초월해 그리스도의 사랑을 실천하고자 했던 연합정신이야말로 이 대학설립의 중요한 원동력이 되었다.

그리고 당시 사회의 여러문제들에 대해 깊은 통찰을 지녔던 언더우드는, 사농공상(士農工商)이라는 한국의 강고한 신분질서와 차별의식을 조선기독교대학의 설립을 통해 극복하고자 했다. 이러한 "상공농사(商工農士)"로의 패러다임 전환(Paradigm Shift)은 당시 민중의 삶을 실제적으로 돕는 것뿐 아니라 한국 사회의 새로운 도약을 위해서 필수적이라고 보았던 파격적인 개혁 작업이었다. 상공업의 진흥과 그 사회적 기여를 통해 한민족의 희망찬 미래를 개척하고자 했던 언더우드의 정신은, 21세기를 맞이한 지금도 여전히 유효한 가치이다.

또한 그의 외아들 원한경이 1930년대 이후 3대 교장을 맡으면서 연희전문학교는 일제강점 하에서도 조선의 얼을 지키는 한국학(韓國學) 연구의 요람이 될 수 있었다. 한국의 역사와 문화, 전통에 대한 존중과 창조적 계승 또한 연세대학교의 중요한 정신적 유산이며, 그 가치는 이후 손자인 원일한, 증손자인 원한광으로 이어지는 한국을 향한 섬김과 봉사로 계승되었다. 아울러 언더우드의 형 존 토마스에 의해서 지원된 아낌없는 기부정신 또한 지금의 연세를 있게 해 준 소중한 유산이다.

언더우드는 이 학교의 처음 명칭이었던 '조선기독교대학'의 이름을 지을 때도 당시 일반적으로 혼용되던 '조선'의 영어 표기인 'Choson'과 'Chosun'이 아닌, "선택된"이란 뜻의 'Chosen'을 사용해 "Chosen Christian College"라고 표기했다. 즉 "조선은 하나님이 선택하신 나라"이며, "이 학교와 학생들도 하나님의 뜻을 성취하기 위해 선택되어 부름 받은 존재"라는 메시지를 연희전문학교의 설립 정신 안에 담아내고자 했던 것이다. 그의 이러한 정신은 바로 "예수 그리스도에 대한 깊은 신앙심과 한국을 향한 각별한 사랑에서 비롯된 것"이었다. 그리고 "진리가 너희를 자유게 하리라"는 성경의 교훈처럼, 믿음 안에서 무슨 일이든 이루어 낼 수 있다는 자신감과 거기서 비롯된 진정한 '자유함'이, 언더우드가 자신의 삶을 통해 직접 보여준 연세의 설립 정신이라 말할 수 있다.

연희전문학교는 해방 이후 1946년 연희대학교로 승격하였으며, 1957년 마침내 연희대학교와 세브란스의과대학이 통합하여 '연세대학교'로 새롭게 출범하게 되었다. 연희대학교와 세브란스의과대학의 통합은 이미 1920년대부터 시도되었던 숙원과제의 성취이기도 했다. '연희'와 '세브란스'의 통합 이후 연세대학교는 한국을 대표하는 기독교계 종합대학으로 거듭 발전하여 한국의 정치, 경제적 발전의 동력이 되었고, 대학 교육과 연구

연세대학교 전경 (연세대학교 홈페이지)

를 선도해 왔다.

현재 연세대학교는 세 개의 캠퍼스가 조성되어 유기적인 관계
망 속에 교육의 수월성과 학문 분야의 전문성 확대를 모색하고
있다. 미래캠퍼스는 1978년 의과대학 원주분교로 출발하여 점
차 학문 영역을 확대하며 대학의 틀을 갖추었고, 1984년 매지
리로 이전한 이후 강원지역의 선도적 캠퍼스로 발전하였다. 또
한, 2010년 인천 송도에 국제캠퍼스를 개교하면서 세계적 수준
의 교육과 연구력을 갖추기 위한 새로운 도전을 시작하였다. 연
세는 캠퍼스(신촌, 의료원, 미래, 국제)간 자율과 융합을 바탕으
로, 역동적이고 창조적인 변화를 선도함으로써, 더욱 높은 수준
에서 인류와 사회 발전에 계속 이바지하며, 새로운 역사를 만들
어가고자 노력하고 있다.

연세대학교는 향후 창립 150주년을 맞는 2035년을 준비하며
"공동체 정신을 지닌 혁신적 리더"를 양성하기 위한 〈VISION
YONSEI 150〉을 선언하면서, "도전과 선도(Excellence)", "창의
와 혁신(Innovation)", 그리고 "공존과 헌신(Engagement)"의 세
가지 지향을 제시했다. 이러한 지향성을 통해 지구와 인류가 당

면한 문제를 해결하기 위한 도전적 연구와 지식을 추구하고, 탈경계, 초연결 시대의 대학교육으로 패러다임을 전환하여 융합과 산학협력을 통한 글로벌 임팩트를 창출하며, 기독교 정신을 바탕으로 사회적 포용과 지속 가능한 공존을 지향하고, 한국 사회와 교육을 견인하는 선구자적 역할을 수행하는 것을 앞으로 연세대학교가 짊어질 시대적 과제이자 목표라고 선언했다.

참고문헌

내한선교사사전 편찬위원회 편. 『내한선교사사전』. 한국기독교역사연구소, 2022.

릴리어스 호턴 언더우드. 『언더우드 : 조선에 온 첫 번째 선교사와 한국 개신교의 시작 이야기』. IVP, 2020.

언더우드기념사업회 편. 『언더우드 기념강연집』. 연세대학교 출판부, 2011.

연세대학교 출판부. 『연세대학교 백년사』. 연세대학교 출판부, 1985.

연세대학교 출판부. 『연세대학교사 : 1885-1965』. 연세대학교 출판부. 1969.

이광린. 『초대 언더우드 선교사의 생애 : 우리나라 근대화와 선교활동』. 연세대학교 출판부, 1991.

정미현. 『릴리어스 호튼 언더우드』. 연세대학교 대학출판문화원, 2015.

최재건. 『언더우드의 대학설립 : 그 이상과 실현』. 연세대학교 출판문화원, 2012.

아펜젤러
(H. G. Appenzeller)와
배재대학교

이성호 박사

배재대학교 교수

Henry Gerhard Appenzeller

헨리 게어하드 아펜젤러

1. 선교사의 생애와 선교

1) 헨리 게하르트 아펜젤러 (Henry Gehart Appenzeller, 1858~1902)

아펜젤러 선교사는 1858년 2월 6일 미국 펜실베이니아주 수더톤(Soudertun)에서 독일어권 스위스계 이민자 가정의 둘째 아들로 태어났다. 아펜젤러는 독일장로교회 신자였던 아버지와 메노나이트 신자였던 어머니 아래에서 신앙교육을 받으며 성장하다 1876년 10월 1일 웨스트체스터장로교회에서 열린 집회에서 회심을 경험하였다. 그러나 오히려 회심 이후 장로교보다 감리교의 신앙에 매력을 느껴 감리교인이 되었다. 1878년 프랭클린마샬대학에 입학한 아펜젤러는 공부를 하면서도 랭캐스터제일감리교회에서 지역 설교자로서 사역하였는데 이런 과정에서 선교사가 되기로 결심하게 되었다. 이후 아펜젤러는 선교사가 되기 위해 1882년 뉴저지 메디슨에 위치한 드루신학교(Drew Theological Seminary, 현재 Drew University)에 입학하여 3년간 신학교육을 받았다. 신학교에 다니던 1883년 10월에 아펜젤러는 드루신학교 대표단 일원으로 하트포트신학교에서 해외선교 주제로 열린 전국신학교동맹대회에 참가하여 선교사의 사명을 재확인하였는데, 흥미로운 점은 같은 대회에 훗날 한국 개신교 선교사로 함께 들어오게 될 언더우드도 참석하고 있었다는 것이다. 아펜젤러는 본래 일본선교사를 준비하고 있었지만 한국을 가기로 했던 친구 선교사 워즈워스가 한국을 못 가게 되어 한국 선교사로 자청하였다.

1884년 12월에 미국 감리교 본부로부터 선교사 파송의 허락을 받게 된 아펜젤러는 1885년 2월에 대륙횡단 열차를 타고 샌프란시스코로 와서 목사 안수를 받았고 한국을 가는 여정을 위해 태평양을 횡단하는 뱃길에 올랐다. 같은 배에 한국 개신교 선교 역사에 중요한 역할을 했던 스크랜턴 부부도 함께 있었다. 중간 기착지였던 일본의 도쿄에서 한 달 동안 머물며 박영효로부터 한국어를 배우며 한국에 갈 준비를 하였다. 1885년 3월에 또 다른 중간 기착지였던 일본 고베항에서 미국 북장로회 한국 파송 선교사 언더우드가 같은 배에 탔고 이후 동행하게 되었다. 드디어 아펜젤러 선교사는 1885년 4월 5일 오후 3시에 인천에 도착하였다. 묘하게도 그날은 부활절이었다. 하지만 아펜젤러를 비롯한 선교사 일행들은 갑신정변의 여파로 신변의 안전 문제가 제기되어 다시 일본으로 돌아갔다가 같은 해 6월 20일에 제물포로 들어와 정착하였고 본격적으로 선교 사역을 시작하였다.

아펜젤러가 가장 먼저 시작한 사역은 교리서 번역과 교육 선교였다. 불과 한국에서 사역을 시작한 지 4개월 만에 학교 설립의 허락을 고종황제로부터 받아내었고 현재의 배재중학교, 고등학교 및 배재대학교의 모체가 되는 배재학당이 1885년 8월 3일에 설립되었다. 고종은 배재학당이라는 교명과 교명을 적은 액(額), 즉 현판을 아펜젤러에게 하사하였다. 배재(培材)는 배양영재의 줄임말이다. 아펜젤러는 "크고자 하거든 남을 섬기라"라는 마태복음 20장 26-28절을 기반으로 한 기독교적 섬김의 가치를 학당훈으로 남겼다. 이는 배재대학교의 현재 교훈이기도 하다.

아펜젤러 선교사는 비교적 젊은 나이인 44세에 생을 마감하였지만 17년이라는 한국 선교사로서의 짧은 사역 기간 동안 다양하고 많은 사역을 하였다. 배재학당 설립 외에 남긴 업적의 주요 목록들을 간단히 언급하면 다음과 같다: 최초의 국내 감리교인 세례(1885년), 최초의 감리교회인 벧엘예배당 설립(현 정동제일교회, 1885년), 한국성서(번역)위원회, 삼문출판사 설립(1888년), 조선성교서회 창설(현 대한기독교서회, 1890년), 독립협회 및 만민공동회 참여, 신앙을 가진 민족지도자들 양성(서재필, 이상재, 이승만, 유성준, 김정식 등), YMCA 운동 주도(1897년). 조선크리스도인회 창간(순한글 종교신문, 1897년) 등.

이렇게 왕성하게 선교활동을 하던 아펜젤러는 안타깝게도 1902년 6월 11일 성서번역위원회에 가기 위해 목포로 배를 타고 가던 중 해양 사고를 만나 순직하게 된다. 이 사고에서 아펜젤러는 탈출할 기회가 있었으나 자신의 여제자를 구하기 위해 선실로 내려간 사이에 목숨을 잃게 되었다고 한다. 다른 이를 섬기라는 평소의 신념을 생의 마지막 순간까지 실천한 아펜젤러는 한국 기독교 역사에서 기억되고 회자되어야 할 선교사이다.

2) 헨리 닷지 아펜젤러(Henry Dodge Appenzeller, 1889~1953)

한국 개신교 최초의 선교사이자 배재학당을 세운 아펜젤러 선교사의 장남이다. 1889년 11월에서 서울 정동에서 출생하였고 초등학교 때 아버지의 안식년으로 미국에 돌아간 뒤에 미국에 남아 어머니와 형제들과 함께 성장하였다. 프랭클린마샬대학, 프린스턴대학, 드루신학교를 졸업하여 대학 때부터 학업의 여정은 아버지의 길을 그대로 뒤따라갔다. 한국에서 아버지가 돌아가신 일 때문에 한국에 대한 애증의 마음이 있었으나 예수님을 영접한 후 아버지처럼 한국의 선교사가 되기로 결심하였다.

1917년에 한국에 미국 감리교 선교사로 입국하여 인천지방에서 사역을 하다 1920년에 배재학교의 제4대 교장으로 취임하였다. 일제의 압제에도 1940년까지 20년간 배재학교를 섬기며 배재학교 발전에 공헌하였다. 예를 들어, 아펜젤러관 건축 등 학교의 외적 부분을 확장하기도 했지만 일제의 감시 아래서도 성경교육과 종교활동을 유지하였다. 닷지 덕분에 배재학당은 설립 이후 성경과 영어 두 과목은 한 번도 중단되지 않은 고유 전통을 가지고 있다.

배재학당 교장 사역을 마친 후, 닷지 아펜젤러는 10년 간 미국에서 목회를 하던 중에 한국 전쟁이 발발하자 어려움에 빠진 한국인들을 돕기 위해 다시 한국으로 돌아왔다. 이는 그의 희생과 섬김의 정신을 잘 드러내는 장면이다. 전쟁 와중에도 기독교세계구제회 한국 책임자 일을 감당하면서 피난민, 고아, 과부 등을 돕는 구제사역에 헌신하였다. 그는 1952년에 배재중고등학교 재단 이사장에 취임하여 다시 배재학교에 몸담게 된다. 하지만 사역하던 중 1953년 과로로 건강이 악화되어 미국에서 치료받던 중 65세의 나이로 별세하였다. "나의 뼈를 나의 고국이요 사랑인 한국 땅에 묻어 달라"라는 닷지 아펜젤러의 유언대로 그는 양화진 외국인묘지에 안장되었다. 이를 통해 헨리 아펜젤러 가문이 얼마나 한국을 진심으로 사랑하였고 섬겼는가를 알 수 있다.

2. 학교의 설립과 발전

1) 배재대학교 간략한 역사

위에서 살펴본 바대로 배재대학교의 뿌리는 배재학당이다. 배재학당은 설립 당시부터 대학과 같은 고등교육기관으로 성장할 목적을 가지고 있었다. 이에 배재학당은 1895년 9월 24일부터 정규 대학 과정을 시작하였다. 첫 해에 영문과 106명, 국한문과 60명, 신학과 6명의 학생이 입학하였다. 당시 교수진에는 아펜젤러 선교사를 비롯한 5명의 외국인 교수들과 유학을 마치고 귀국한 윤치호, 서재필 등의 한국인 교수들이 있었다. 그러나 일본 제국의 압제가 심해지면서 YMCA 안에서 경신학교 대학과 더불어 명맥만 유지하다 연희전문학교 설립 이후 대학과는 사라지고 말았다.

해방 후 배재대학교를 다시 시작하려는 노력의 일환으로 1959
년 배재대학교 동문인 이승만 대통령이 서울 장위동에 부지를
기부하여 건물 기공식까지 하였으나 얼마 뒤에 4.19 혁명이 발
생하여 배재대학교 재건을 향한 첫 번째 시도는 수포로 돌아갔
다. 하지만 그 이후에도 배재학당 재단은 계속해서 대학교를 세
우려는 노력을 기울였고 그러던 중 1977년 10월 20일에 대전
에 위치하고 있었던 기독교 학교, 대전여자초급대학과 배재학
당 재단이 합병하여 배재대전초급대학이 시작되었다. 본래 대

배재학당의 체육시간 (위키백과: https://ko.wikipedia.org/wiki/배재학당)

전여자초급대학은 한국으로 파송된 미국 감리교 선교사였던 허길래(본명 클라라 하워드) 박사가 설립한 학교로 같은 감리교 뿌리를 지니고 있었다. 배재대전초급대학은 1979년에 배재실업전문대학으로 개명하였고 1981년에 10개 학과를 갖춘 4년제 정규대학으로 인가받으며 오늘날의 대학교명인 배재대학교가 되었다.

2) 배재대학교 교육목표

현재 배재대학교는 "크고자 하거든 남을 섬기라"라는 건학 이념에 바탕을 두고 세 가지 교육목표, 즉 섬김의 리더십(Servant Leadership), 가치를 담은 팔로우십(Valuable Followship), 창조적 개척정신(Creative Frontiership)을 지향하고 있다. 이를 통해 배재대학교는 공동체와 조직에 기여하는 "실천적인 지성인", 공감하고 소통할 줄 알면서도 미래사회를 창조해가는 "전인적 감성인" 그리고 끊임없이 도전하여 새로운 가치를 만들어내는 "창의적 개척자"를 길러내고자 한다.

3) 배재대학교 현황

학부 재학생수: 7,936명, 대학원 재학생수: 888명, 전임교원

수: 291명, 비전임교원수: 411명

학과 수: 5개 단과대학(AI, SW창의융합대학, 경영대학, 문화예술대학, 생명보건대학, 인문사회대학), 41개 학과

3. 학교의 기독교적 선교와 교육

학생들을 대상으로 매주 목요일, 금요일 오후 여섯 개의 타임에 걸쳐 학생채플을 진행한다. 학부 학생은 4학기 동안 채플을 이수해야 졸업할 수 있다. 채플은 기독교의 가치를 학생들의 문화적 코드에 맞게 전할 수 있는 문화채플, 섬김과 봉사의 가치를 전할 수 있는 강사초빙 채플 등으로 진행된다. 학기 중 매주 수요일 오전 8시 40분에는 직원들을 대상으로 직원채플이 이루어진다.

배재대학교의 기독교 이해 수업은 "기독교 정신과 아펜젤러 인성"이라는 과목명으로 진행한다. 학부생들은 1학년 기간 중 한 학기에 2학점인 이 과목을 교양필수로 수강해야 한다. 학과별로 70명 전후로 한 클래스가 구성되며 주로 교목들, 기독교 사회복지학과 교수들, 그리고 신학을 전공한 외부 강사들이 가르쳐 왔다. 때때로 기독교 신앙을 가진 타전공 교수들이 팀티칭

형식으로 수업을 운영하기도 했으며 코로나 팬데믹 이후로는 온라인 강의로 운영되었다. 최근 코로나가 잠잠해지면서 온라인과 오프라인 수업들을 병행하는 방안을 협의 중에 있다.

한편, 아펜젤러 연구소는 배재대학교 교목실 소속의 자율연구소로 배재학당과 배재대학교의 창립자인 아펜젤러 선교사 순직 120년을 맞이하여 2022년 6월 2일에 설립되었다. 본 연구소는 아직 연구되지 않은 아펜젤러 선교사와 그의 길을 따라갔던 후손들의 업적들을 지속적으로 연구하고, 관련 교육자들 및 연구자들을 양성하는 목적을 위해 운영되고 있다.

배재대학교 교목실 산하에는 기독교 학생회라는 학생 조직이자 기독교 동아리가 있다. 배재대학교 학부 학생들 중 크리스천들이 자발적으로 모여 신앙공동체를 이루고 있으며 교목실 행정 담당 목사가 기독학생회의 신앙지도를 맡고 있다. 70명 이상의 회원들이 매주 수요일 저녁 찬양예배, 주중 기도회 및 성경공부에 참여하며 채플 및 특별집회 등의 사역에 적극 봉사하며 참여한다. 배재대학교 내의 기독교 동아리들 중 가장 규모가 큰 동아리이다. 회원 중 일부는 주일에 배재대학교회에 출석하고 봉사하며 교회의 대학부를 구성하고 있다.

　배재대학에는 배재대학교회라는 자체 교회 공동체가 있다. 매
주일 아펜젤러 기념관에서 예배를 드리며 학교직원, 학생, 교
수, 그리고 지역주민들로 신앙 공동체가 이루어져 있다. 담임
목사는 교목실장이 맡으며 배재대학교 교목들과 기독교사회복
지학과 교수들이 돌아가면서 예배인도를 한다. 배재대학교회는
학원 내 선교뿐만 아니라 지역사회 선교를 추구한다.

배재대학교 교수선교회는 학원 선교를 목적으로 교수들의 선교

대전 배재대학교 전경 (배재대학교 홈페이지)

동호회로 배재대학교 교목실과 긴밀한 연대 관계를 가지며 학원 선교를 돕고 있다. 학기 중 매주 화요일 오전 8시 30분에 아침 기도회로 모이고 매주 화요일 오후 5시에 교수선교회 정기 모임을 갖고 있다.

참고문헌

1. 내한선교사사전 편찬위원회 편. 『내한선교사사전』. 한국기독교역사연구소, 2022.

2. 기독교대한감리회 역사정보자료실, https://his.kmc.or.kr/person-dictionaries /43266?page=7.

3. 최청순. "핸리 닷지 아펜젤러의 생애와 활동." 『한국기독교와역사』 57 (2022), 227-258.

4. 배재대학교. 『2022년 배재대학교 요람』. https://www.pcu.ac.kr/images/site/kor/pdf/ summary_2022.pdf.

스크랜튼 (M. F. Scranton)과 이화여자대학교

장유미 박사
이화여자대학교 강사

메리 플레처 벤튼 스크랜튼

Mary Fletcher Benton Scranton

1. 메리 F. 스크랜튼의 생애와 선교

이화여자대학교의 전신인 이화학당은 메리 F. 스크랜튼(Mary Feltcher Benton Scranton, 1832-1909)이 1886년에 설립했다. 당시의 조선은 엄격한 신분 차별과 극단적인 남녀의 차별이 상존하는 가운데 근대 문명 세계와는 철저히 단절된 암울한 시기를 보내고 있었다. 53세의 나이에 최초의 여성 선교사로서 조선 땅을 밟은 스크랜튼은 여성들이 한국 사회를 근대화하는 데 실질적으로 기여하길 바라며 여성을 위한 교육기관과 병원을 설립했고, '여성에 의한' 전도 사업에 중점을 두었다. 스크랜튼의 선교활동은 여성들이 사회의 일원으로서 성장하고, 전문적인 지식을 갖춘 여성 지도자를 양성하는 데 큰 바탕이 된다.

매사추세츠주 벨처타운(Belchertown)에서 목회하던 감리회 목사 에라스투스 벤튼(Erastus Benton, 1805-1884)의 딸이었던 스크랜튼은 노리치 여자학원(Norwich Female Academy)을 졸업했다. 1853년 그는 뉴헤이븐(New Haven)의 부유한 제조업 사업가였던 윌리엄 탤콧 스크랜튼(William Talcott Scranton, 1829-1872)과 결혼하였고, 둘 사이에 아들 윌리엄 벤튼 스크랜튼(William Benton Scranton, 1856-1922)이 태어났다. 평범한

중상류층 가정의 여성으로서 삶을 영유하던 스크랜튼은 뉴헤이븐에 "여성이 여성에게 복음을 전하자"라는 취지의 미국 감리회 해외여선교회(The Women's Foreign Missionary Society of the Methodist Episcopal Church)의 지회가 설립되자 이곳의 회원으로 소속되어 활발하게 활동한다. 1872년 남편과 사별한 스크랜튼은, 예일 학교(Yale College)를 졸업한 아들 윌리엄이 뉴욕 의과대학(New York College of Physicians and Surgeons)에 진학하고, 졸업 후 루이자 암즈(Louisa Wyeth Arms, 1860-?)와 결혼하여 오하이오의 클리블랜드(Cleveland)에 자신의 병원을 개업하는 동안, 그를 따라 거처를 옮기며 해당 지역 해외여선교회의 강연자 및 지도자로 적극 참여한다.

1883년 미국 감리회 해외여선교회 뉴욕지부의 그레이시(J. T. Gracey, 1836-1908) 부인이 「한국의 여성」(The Woman of Corea)이란 논문을 발표한다. 그는 이 논문을 통해 너무나 혹독한 조선의 가부장적 봉건사회 속에서 이름 없이 '아무개 누이' 혹은 '아무개 딸'로 불리며 존재 가치 없이 살아가는 한국 여성들을 소개하며, 이들을 위한 선교사업이 시급함을 알린다. 이후 같은 해 9월 오하이오주의 라벤나(Ravenna)라는 작은 도시에서 열린 해외여선교회 모임에서 볼드윈 부인(Mrs. Baldwin)이 소정의 금액을 헌금하며 '은둔국' 한국을 위한 선교를 촉구하자, 한국 선교를 위한 해외여선교회의 기도 운동이 본격적으로 시작한다.

1884년 7월 미국 감리회 해외선교위원회가 고종으로부터 조선에서 학교와 병원 사업에 대한 허가를 얻었을 때, 스크랜튼은 아들 부부에게 한국의 개척 선교사로 나갈 것을 권고한다. 이에 지역 유지의 후손이며, 명문 의대를 졸업하고 자신의 병원을 갖고 있었던 윌리엄 스크랜튼은 보장된 안정적 생활을 뒤로하고 한국에 선교사로 나갈 것을 결심한다. 당시 52세였던 스크랜튼 역시 해외여선교회의 독자적인 선교사로서 제안받았으나, "선교사 후보의 나이는 22세에서 30세 사이여야 한다"는 규칙에 제한되자 보조원으로서 아들 부부의 선교활동을 곁에서 지원할 생각이었다. 그러나 "외국어에 능통하고 기독교 사역에 놀라운 능력을 갖추고 있으며 철저한 지적 훈련을 받은 경우, 이 엄격한 규정에서 제외될 사유가 충분한 것으로 간주한다"라는 예외 조항과 선교회 지도자들의 끈질긴 설득으로 인해 스크랜튼은 선교사로 한국에 갈 것을 결심한다. 그리하여 스크랜튼은 미국 감리회 해외여선교회가 파견한 개척 선교사로서 한국에 첫발을 내딛게 된다.

2. 이화학당의 설립과 발전

스크랜튼은 선교사 신분으로 들어온 첫 번째 여성으로, 여성을 위한 교육기관 설립과 의료사업을 위해 1885년 6월 한국에 도착한다. 그는 아들 부부와 두 살배기 손녀딸과 함께 정동에 있는 미국 감리회 선교부지에 머물면서, 서대문 성벽 안쪽에 있던 6천여 평의 부지를 해외여선교회 소유로 확보한다. 스크랜튼은 여학교 설립을 위해 학생들을 모집했지만, 여성 교육에 소극적이었던 조선 사회의 분위기와 당시 '서양 여성'에 대한 거부감과 두려움으로 인해 학생을 모으는 것이 쉽지 않았다. 그러던 1886년 5월 31일 관리의 소실이었던 김 씨 부인이 영어를 배우기 위해 스크랜튼을 찾아오면서 한국 최초의 여성을 위한 교육기관이 시작되었다. 곧이어 스크랜튼은 해외여선교회가 확보한 부지에 대감 집에서나 볼 수 있는 솟을대문과 궁이나 왕궁에 있던 하마비까지 갖춘 'ㄷ'자 형태의 한옥 교사를 건축한다. 이것은 당시 억압받았던 조선의 여인들이 '궁궐 같은' 건물에서 당당하게 교육받을 수 있도록 최상의 환경과 분위기를 조성하기 위함이었다. 첫 학생이었던 김 여인은 건강으로 인해 3개월 만에 학업을 중단했지만, 1886년 11월 완성된 새 건물로 학교가 이전할 무렵에는 가난과 질병으로 인해 부모가 양육할 수 없었던 네 명의 여자아이와 함께 스크랜튼의 본격적인 학원 선교가 시작하게 된다.

위: 1886년 이화학당 최초의 한옥교사 (이화여자대학교 홈페이지) 아래: 2006년 옛 한옥건물을 복원하여 현재 이화역사관으로 사용

조선의 첫 여성 교육기관은 정부의 승인과 고종으로부터 '이화
학당'이라는 이름을 하사받은 후 더욱 활기를 띠게 된다. 스크
랜튼은 한국선교에 대해 보고하며 다음과 같이 기록한다. "학
교 이름은 더없이 훌륭합니다. 학교 이름을 왕실에서 확정했다
는 점이 중요합니다. 한국인들은 특히 우아하고 시적인 여인을
지칭할 때 이화(배꽃)라고 부르는데 그런 연유에서 우리 학교 이
름이 '이화학당'(Pear-Flower School)이 된 것입니다." 왕이 여
학교에 이름을 하사했다는 사실은 일반인들에게도 여성 교육에
대한 긍정적인 시각을 확대했으며, 이때를 기점으로 가난한 가
정형편으로 인하여 기숙사 생활이 필요한 학생들과 교육에 목
마른 많은 여성이 이화학당을 찾게 된다.

  스크랜튼이 여성을 위한 교육사업 외에도 중요하게 생각했
던 것은 바로 의료사업이었다. 아들 윌리엄이 헌신적으로 왕진
을 하였지만, 폐쇄적인 사회 분위기로 인하여 여성 환자들을 직
접 진료하지 못한 채 치료할 수밖에 없었다. 스크랜튼은 해외
여선교회 본부에 여성 의사를 요청하였고, 1887년 10월 20일
교육사업을 도울 루이자 C. 로드와일러(Louisa C. Rothweiler,
1853-1920)와 여성을 위한 의료사업에 착수할 의사 메타 하워

드(Meta Howard, 1862-1930)가 입국한다. 하워드는 윌리엄 스크랜튼의 시병원에서 여성 환자들을 진료하다가 1888년 10월 한국 최초의 여성들을 위한 병원을 이화학당 부지 안에 설립하는데, 이 병원이 바로 '널리 여성을 구하는 집'이라는 뜻의 보구여관(普救女館)이다. 보구여관은 여성 환자들만을 위한 기관이 아닌 이화학당에서 고등교육을 받은 여성들이 활동할 수 있는 실습의 장소로도 활용되었다. 즉, 이화학당에서 생리학을 배운 학생들이 병원 보조원으로 선교사들의 의료사업을 도우며, 환자들에게 직접 성경을 읽어주고 복음을 전하는 전도부인으로서의 역할도 담당했던 것이다. 보구여관은 전문 직업여성으로서의 활동을 가능케 했으며 동시에 복음을 받은 자들이 다시 복음을 전하는 선순환을 만들어 내었다.

1890년 스크랜튼은 로드와일러에게 이화학당의 당장 자리를 물려주고, 자신은 '집 안으로' 들어갈 수 있는 전도부인 양성에 힘을 쏟는다. 그는 여성 신자들로 구성된 속회를 위한 교리교육용 교재 「크리스도쓰셩경문답」(1890)과 「훈아진언」(1891)을 번역하여 출판한다. 스크랜튼은 적지 않은 나이와 과로로 인해 건강이 크게 악화한 상황에서도 서울 외곽과 경기도 남부지역의 선교사역을 착수하며 전도부인 양성을 위한 여성 신학교육을 시작한다. 여성 신학교는 이화학당, 보구여관과 함께 여성을 위한 최초의 기관으로 여성들에게 존재 이유를 부여하고 전문적인 직업의 길을 가능하게 하였다. 그뿐만 아니라 1894년 스크랜튼은 여성으로는 최초로 지방 전도 여행을 감행하며 600여 명의 여성들에게 복음을 전한다. 그는 1901년 1월 심각한 병세로 인하여 본국으로 귀국했지만 "선교사는 선교지에서 죽어야 한다"라는 굳은 의지로 그해 9월 아들 부부, 그리고 손녀와 함께 서울로 돌아온다. 이후 병상의 스크랜튼은 파송된 전도부인들이 12,000여 명에게 복음 전할 수 있도록 지도했으며, 1909년 상동 자택에서 별세한다.

3. 이화여자대학교의 기독교적 선교와 교육

스크랜튼에 의해 창립된 이화여자대학교의 영어 표기는 'Ewha Womans University'로 한 여성(woman)이 다수(womans) 모여 대학 교육을 받는다는 의미를 지닌다. 이러한 표기는 영문법에 어긋나지만, 학생 한 명 한 명을 모두 소중히 여기며 각자의 고유한 가치를 가꾸어 인재로 기른다는 이화의 교육 정신을 반영한다.

초기의 이화학당은 갈 곳 없는 여자아이들에게 숙식을 제공하고, 공부와 놀이를 병행하는 보육시설에 가까웠다. 그러나 1890년 교육 선교 경력이 있는 로드와일러가 제2대 당장으로 취임한 이후 이화학당은 학교의 역할을 강화하고 보다 세분화된 학과목 체계를 갖추면서 여성을 위한 근대 교육 기관으로 자리매김하여 '여학생'이라는 새로운 계층을 형성시킨다. 이화학당을 찾는 여학생의 숫자는 점차 늘어났지만, 여전히 남아있던 조혼 풍습은 여성들의 학업을 중단케 했다. 그러나 1904년에 신설된 중학과에서 다섯 명의 졸업생을 배출하게 되면서 '결혼이 곧 졸업'으로 여겨지던 이전 시대는 마감하게 된다.

이화학당은 곧바로 중학과의 수준을 끌어올려 고등과를 개설하고, 4대 당장인 룰루 E. 프라이(Lulu E. Frey, 1868-1921)의 "국가의 운명이 여성에게 달려 있다"는 강력한 의지에 힙입어 1910년 대학과도 설립한다. 프라이 당장은 미국 선교본부에 대학 교육을 위한 교수진을 요청하였고, 이에 제1세대 여성 지도자이자 이화학당 출신으로 미국과 일본 등에서 유학한 하란사, 이은라, 최활란, 김애식, 박인덕, 김활란 등이 모교의 교수로 합류한다. 이화학당은 학문 전반에 걸친 교양교육 외에도 건강 증

진과 심신의 균형을 갖추기 위한 음악과 체육 과목을 강조하였으며, 여학생들을 위한 다양한 기독교 문화 활동을 활발하게 이루었다. 이는 고등교육을 받은 여성들이 대학 문화뿐만 아니라 폐쇄적인 환경에서 벗어나 건강한 사회의 일원으로서 여성 문화를 형성하도록 돕기 위함이었다.

이화는 일제 식민지 교육정책으로 말미암아 대학에서 전문학교로 격하되면서 1925년 대학과 및 대학예과를 이화여자전문학교로 개칭한다. 그러나 교육에 대한 여성들의 열망이 뜨거워지며 많은 학생이 찾아오자, 1922년에 취임한 앨리스 R. 아펜젤러(Alice R. Appenzeller, 1885-1950) 교장은 신촌 캠퍼스 건축 기금을 위한 모금 운동을 펼친다. 마침내 1935년 3월, 5만 5천 평의 대지에 본관, 대학원관·중강당, 체육관을 건축하였으며, 아펜젤러 교장은 스크랜튼의 사진을 품고 정동을 떠나 신촌의 신 교사로 이전한다.

해방 후 문교부로부터 제1호 종합대학교로 승인받은 이화여자대학교는 1955년 교목실을 설립한다. 교목실은 이화여자대학교가 지향하는 가치 이념인 '기독교 정신과 진선미 이념에 바탕

을 둔 여성리더의 양성'이라는 이화의 정체성을 형성하는 구심
점의 역할을 해왔다. 교목실을 중심으로 운영되는 채플 및 기독
교 교양 수업은 기독교 정신에 기초한 인류 보편 가치로서의 사
랑과 나눔의 인성 교육과 고등여성 교육의 역사와 전통을 잇는
공동체 정신 함양 교육, 문화예술 경험을 통한 감수성 제고 교
육, 그리고 학생의 주체적 참여를 위한 리더십 계발 교육을 목
표로 하고 있다. 이화여자대학교는 대학 설립 이후 18만여 명의
학부 졸업생만 6만 명이 넘는 석박사를 배출하였다. 현재 15개
의 단과대학과 일반대학원 및 전문대학원, 부속기관, 연구기관,
그리고 부속/병설학교로 구성된 이화여자대학교에는 16,000명

왼쪽부터 대강당(1956년 완공), 대학원별관 (1936년 완공), 이화캠퍼스복합단지(ECC, 2008년 완공)

의 학부 재학생과 5,900여 명의 대학원 재학생, 그리고 981명의 전임교원과 305명의 사무직원이 소속되어 있다.

스크랜튼은 여성을 위한 교육을 통해 수백 년 동안 이름도 없이 살아온 여성들이 긍지를 가지고 사회의 구성원으로서 성장할 수 있도록 이끌었다. 그렇기에 이화학당은 근대적 교육기관의 의미를 넘어서 가부장 제도와 봉건적 질서로부터의 자유와 해방을 의미했다. 자신의 이상을 실현하기 위해 나이와 성별의 제한에서 벗어나 개척 선교사로서 한국에 온 스크랜튼처럼, 이화여자대학교는 최초의 간호학과와 유치원 사범과 같은 새로운 교육기구 설립, 국내 처음으로 '여성학' 개설, 세계 최초의 여성 공과 대학 설립 등 진취적인 스크랜튼의 개척정신을 이어가고 있다. 스크랜튼의 양화진 묘지에는 다음과 같은 비문이 적혀있다. "오늘, 이 땅에 자유, 사랑, 평화의 여성 교육이 열매 맺으니, 이는 스크랜튼 여사가 이화동산에 씨 뿌렸기 때문이다."

참고문헌

이경숙 외. 『한국을 사랑한 메리 스크랜튼』. 서울: 이화여자대학교출판부, 2010.

이덕주. 『스크랜턴: 어머니와 아들의 조선 선교 이야기』. 서울: 공옥출판사, 2014.

이배용 외. 『스크랜튼: 한국 근대 여성 교육의 등불을 밝히다』. 서울: 이화여자대학교출판부, 2008.

이화역사관 엮음. 『이화의 역사 이야기』. 서울: 이화여자대학교출판부, 2013.

아담스
(Edward A. Adams)와
계명대학교

곽호철 박사

연세대학교 교수

에드워드 아담스

Edward A. Adams

1. 선교사의 생애와 선교

1) 아담스 선교사

계명대학교는 선교사들과 대구의 기독교 지도자들에 의해서 세워진 영남지역의 명문 기독교 사립학교이다. 계명대학교는 연세대학교와 유사한 역사의 틀을 갖고 있다. 연세대학교가 연희전문학교와 세브란스가 합쳐진 것처럼, 계명대학교는 계명기독대학과 동산기독병원의 합병으로 이뤄진 기관이다. 계명대학교의 설립과 동산기독병원(대구 제중원)의 설립에 선교사들과 기독교 지도자들이 참여했다. 계명대학교의 설립은 1954년이지만, 대구 제중원의 설립이 1899년이기 때문에, 학교의 설립연도를 1899년으로 정했다. 아담스 선교사와 장인차 선교사가 각각 계명대학교와 대구 제중원 설립에 큰 기여를 했다.

에드워드 아담스 선교사(Rev. Dr. Edward A. Adams, 1895-1965, 한국이름 – 안두화)는 제임스 아담드 선교사(Rev. Dr. James E. Adams, 1867-1929, 한국이름 – 안의와)의 아들로, 미국 캔자스주 토피카에서 태어났고, 아버지가 미국 장로교회 해외선교부에서 한국 선교사로 파송을 받을 때 함께 한국에 들어왔다. 교육을 위해 도미한 안두화 선교사는 1914년에 미국 매사추세츠주 질 마운트 허먼 고등학교를 졸업하고, 오하이오주의 우스터 대학을 졸업한 후, 1921년 일리노이주의 맥코믹 신학교를 졸업했다. 그는 같은 해에 시카고 장로회에서 목사 안수를 받았다. 1921년 안수산(Susan Comstock R. N.)과 미국에서 결혼한 안두화 선교사는 다시 한국으로 돌아왔다. 1921년에 황해도 재령에서 선교를 시작한 안두화 선교사는 1925년까지 시골교회를 순회하고 설교하며, 성경학교에서 학생들을 가르쳤다. 1925년 안두화 선교사는 자신의 부친인 안의와 선교사가 사역을 하던 대구로 파송을 받았다. 대구에서 안두화 선교사는 시골에 교회를 설립하는데 중점을 두었다. 그의 선교 결과로 대구와 경북 지역에 120여 개의 교회가 설립되었고, 그는 15-20개의 교회에 대한 책임을 맡았으며, 성경학교 교장으로 지도자 양성에 힘썼다.

1941년 일본의 진주만 공습 이후 21명의 선교사들과 함께 출국을 거부한 안두화 선교사는 가족들을 미국으로 보내고 자신은 20일간 투옥되었다가 연금상태가 되었다. 1942년 여름에 안두화 선교사는 미국으로 강제 송환되었다. 해방된 후 안두화 선교사는 1946년 10월에 다시 대구로 돌아왔다. 1948년에 그는 한국선교부의 대표로 임명되었다. 1950년 한국전쟁이 발발했을 때, 안두화 선교사는 일본으로 대피하라는 권고를 거절했다. 그는 피난민인 목사들과 가족들, 그리고 난민들의 구호에 전심을 다했다. 1950년 서울에서는 피난민 수천 명을 인천에서 피난선에 싣고 안전한 남쪽으로 대피시켰다. 한국전쟁 이후 안두화 선교사를 포함한 대구의 기독교 지도자들은 기독교 사역에 전념할 한국의 젊은 인재들에게 고등교육을 제공할 기독교 대학의 설립이 절실함을 공감하고 있었다.

2) 우드브리지 존슨 선교사

계명대학교의 다른 한 축을 형성하는 대구 제중원을 설립한 분은 우드브리지 존슨 선교사(Dr. Woodbridge O. Johnson, 1869-1951, 한국이름 – 장인차)로 대구에 온 의료선교사이다. 1895년 펜실베이니아 의과대학을 졸업하고, 1897년 6월 21일 한국선교사를 지원해 임명받았다. 그의 아내 에디스 파커와 11월 18일 출국해서 12월 22일 부산에 도착한 후, 12월 25일 오후 대구 남문 안에서 안두화 선교사의 아버지인 안의와 선교사와 대구선교기지에서 생활했다. 장인차 선교사는 병원을 빠른 시일 내에 개원하길 원했지만, 병원을 지을 유능한 목수를 구하지 못했고, 미국에 주문한 의약품도 1899년 7월까지 도착하지 않아서 2년이나 병원 개원이 늦춰졌다. 그 2년 동안 장인차 선교사는 대구 팔공산 파계사에 들어가서 한국어 공부를 했다. 대구 제중원은 1899년 12월 24일에 개원했다. 본격적인 치료활동

을 하기 전, 장인차 선교사는 미국약방이라는 간판을 달고 약품만 제공했다. 제중원 간판을 달고 치료를 하면서 많은 수의 환자들이 모여들었고, 매년 2,000여 명의 환자를 돌봤다.

처음 제중원은 대구읍성의 축대 안에 있었고, 의료활동을 하기에는 불편했다. 선교사들은 그 불편을 3S로 표현했는데, 흘러들어오는 물줄기에 쓸려오는 쓰레기에서 나는 고약한 냄새(Smell), 나무를 연료로 밥을 지을 때 생기는 연기(Smoke), 개 짖는 소리와 다듬이 소리, 그리고 무당 굿하는 소리 등의 소음(Sound)이었다. 3S는 의료활동에 많은 지장을 주었고, 그 개선을 위해 동산으로 불리던 높은 언덕

우드브리지 존슨 선교사

에 병원을 건축했다.

제중원 환자 수의 급격한 증가를 보고, 장인차 선교사는 1908
년과 1909년 사이에 제중원에 근무하는 청년들 중에 7명을 선
발해서 근대의학을 강의했다. 장인차 선교사는 해부학, 생리
학, 약품조제, 치료학, 내과학, 신과학, 외과학, 영어 등을 가르
쳤고, 능력이 있는 학생들은 왕진을 나가 분만을 돕거나 가벼운
치료를 대신했다. 이 강의들은 대구 최초의 근대의학교육이었
고, 계명대학교 의과대학의 토대가 되었다.

1900년 초 경상도 지방에는 한센인들이 많은 곳이었다. 1908
년 한 스님이 찾아와 한센병을 치료한 이후로 많은 사람들이 제
중원에 몰려들었다. 장인차 선교사는 1909년 병원 근처에 초가
한 채를 마련해서 10명의 한센인들을 수용해서 치료했다. 이때
'나환자 요양원'을 설립했고, 대구애락보건병원의 모체가 되었
다.

2. 계명대학교 설립과 발전

안두화 선교사는 1950년대에 대구 시내 교회 수가 무려 70여

개로 늘어나고, 근대적 교육에 대한 열망이 높아졌는데도 그 열망을 충족시켜 줄 고등교육기관이 없는 것을 안타깝게 여기고, 지역 교회 지도자들과 함께 서울에 있는 연세대학교와 평양에 있는 숭실대학교와 같은 기독교대학 설립을 대구에 계획하고 모임을 시작했다. 1953년 6월 11일 계성학교 교장실에서 계명대학교 설립을 위한 '제1회 기성회준비위원회'를 가졌다. 이날 회의에 참석한 사람들은 안두화, 최재화, 김광수, 신태식 등이었다. 그 후 모두 7차례의 기성회를 거쳐 대학의 재단 설립과 이사 선임 등을 결정했다.

계명대학교 교명은 이때 결정되었다. 계명대학교의 교명을 이해하기 위해서는 두 기독교 중등교육기관인 계성학교와 신명학교에 대한 설명이 필요하다. 계성학교는 안두화 선교사의 아버지인 안의와 선교사가 선교와 인재 양성을 위해 영남 지역 최초로 설립한 중등교육기관이다. 1906년 3월에 개교한 계성학교는 '여호와를 경외함이 지식의 근본'이라는 성경구절을 교훈으로 삼고, 기독교 정신에 바탕을 두고 교육을 했다. 계성학교는 사랑과 상호존중을 중요시해서, 1915년에는 수업 시간에 교사가 학생들에게 존댓말을 쓸 것을 결의했다. 당시에는 파격적인 일이었지만, '귀한 일꾼을 귀하게 받들고 교육해 학생들에게 자중자애 정신을 갖게 하고 평등사상을 본받게 하자'는 안의와 선교사의 의견이 수용되었다. 계성학교는 1919년에는 독립운동에 참여하여 영남지역 최초의 만세운동을 일으킨 곳이고, 전교생 46명 중 35명이 6개월 이상 실형을 받을 정도로 민족을 위해 헌신했던 교육기관이다.

신명학교는 부마태 선교사(Martha Scott Bruen)와 장인차 선교사(Woodbridge O. Johnson)의 부인인 파커(Edith M. Parker) 여사가 운영하던 바느질 반 학생들과 놀스(Miss Nourse)가 가르치던 14명의 여학생들을 대상으로 대구 선교지부에서 1902년 신명여자소학교를 개교하면서 시작되었다. 1907년 신명여자소학교 졸업생들을 가르치기 위해서 상급학교인 신명여자중학교를 개교하고, 그 후에는 신명여자학교를 교명으로 사용했다. 신명학교는 하나님을 영화롭게 하라는 교훈을 가지고 기독교 정신에 바탕을 둔 전인적 인간교육을 목표로 했다.

계명대학교의 교명은 기독교 전통이 깊이 뿌리내린 두 학교, 계성학교와 신명학교의 앞 글자를 따서 계명이라고 정하게 되었다. 두 학교의 앞 글자를 따면서 두 학교에 담겨 있던 기독교 정신과 두 학교 설립에 열정과 노력을 아끼지 않은 선교사들의 유지를 계명대학교는 이어받아 기독교적인 교육을 수행하고 있다.

계명대학교는 '계명기독학관'이라는 이름으로 시작되었다. 1954년 2월 5일부터 개최된 임시이사회는 대학설립허가를 얻을 때까지 1954년 4월부터 사설 학술강습회를 '계명기독학관'이란 이름으로 개관하기로 했다. 1954년 3월 20일 경상북도지사의 인가를 받고 철학과 58명, 영문과 60명, 총 118명의 학생으로 1954년 4월 19일 '계명기독학관'을 개관했다. 1955년 2월 5일 재단법인 계명기독대학 설립 허가서를 받았고, 법인이사회는 1956년 2월 18일에 '계명기독대학' 설립 허가를 받았다. 계명기독대학 초대 이사는 17명이었고, 그중 선교사는 이사장인 안두화 선교사와 사미화 선교사, 감부열 선교사가 있었다.

안두화 선교사는 1958년 감부열 초대 학장이 퇴임하자, 2대 학장직을 맡았고, 학교 기금마련에 힘썼다. 1961년 5.16 군사정변으로 외국인이 대학의 장이 될 수 없게 되자, 안두화 선교사는 명예학장으로 계명대학의 발전을 위해 모금을 벌였고, 16만

9천 달러를 모금했다. 1963년 미국으로 돌아갔고, 1965년 9월 7일 미국 오레건주 메드포드에서 소천했다.

3. 계명대학교의 기독교적 선교와 교육

계명대학교를 설립하는데 상황적인 어려움도 있었지만, 학교 건물을 건축하는데도 어려움이 많았다. 학교 설립 부지가 바위 산이어서 건물을 짓는데 큰 노력이 필요했다. 계명대학교 대명 캠퍼스에 가면 "이런 바위산을 깎아 오늘을 마련했다"라는 기념 물이 있다. 아래 사진에서도 볼 수 있듯이 돌산을 깎아서 학교 건물을 세웠다. 돌을 파서 나무도 심었다. 많은 사람이 이 일에 참여했고, 후원도 했다. 이 역사에 근거한 계명정신을 개척정신

돌산을 깎아 만든 대명캠퍼스(계명대학교 홈페이지)

과 봉사정신으로 계명대학교는 강조한다.

계명대학교 본관에는 교육이념을 다음과 같이 걸어놓았다. "진리가 우리를 자유롭게 하고, 정의가 우리를 승리하게 하며, 사랑이 우리를 온전하게 하여, 주님의 나라가 영원토록 서리." 교육이념에 기독교의 중요한 가치들과 더불어 하나님 나라의 임재에 대한 소망을 분명하게 표명하고 있다.

특별히 계명대학교는 설립 50주년을 맞아, 계명의 희년을 선포하고 나눔과 사회환원을 구체화하는 사단법인 계명 1% 사랑 나누기(Keimyung Caritas)를 세워서 교직원 급여의 1%를 기부하게 하고, 기부금을 바탕으로 학생들이 재능과 시간을 기부하며 다양한 사회 봉사 활동을 대내외적으로 참여하고 있다.

현재 14개 단과대학과 9개의 대학원에서 학부생 20,537명, 대학원생 1,932명, 총 22,469명의 학생들을 교육하고 있으며, 달서구 신당동의 성서캠퍼스와 남구 대명동의 대명캠퍼스를 운영하고 있다.

교목실은 채플을 아담스채플에서 운영하고 있다. 1학년 학생들을 주 대상으로 2학기를 수강하도록 하고 있으며 기독교적인 인성과 덕성 함양에 힘쓰고 있다. 기독교 교양수업으로는 2학점 기독교 이해 수업과 1학점 계명정신과 봉사 수업을 필수이수과목으로 지정했다. 학내선교활동으로는 성경공부, 기독교 독서모임, 기독동아리 활동, 교수선교회, 직원선교회인 복음선교회를 지원하며, 매주 화요일과 금요일 정오의 오르간 음악산책을 진행하여 오르간 음악으로 신앙적 성찰과 기도의 시간을 제공하고 있다.

성서캠퍼스 전경 (계명대학교 홈페이지)

참고문헌

신일희. 『타불라 라사: 우리가 다시 얼굴을 가질 때까지』. 대구: 계명대학교출판부, 2005.

빛을여는계명인편찬위원회, 『빛을 여는 계명인: 계명정신과 봉사』. 대구: 계명대학교출판부. 2013.

계명대학교 120년사 편찬위원회 편. 『계명대학교 120년사 : 1899-2019』. 대구: 계명대학교, 2019

베어드
(William M. Baird)와
숭실대학교

송 훈 박사

명지대학교 객원교수

William Martyn Baird

윌리엄 마틴 베어드

1. 윌리엄 M. 베어드 선교사의 생애와 선교

윌리엄 M. 베어드 선교사는 1862년 여름, 인디애나 주 클라크 카운티(Clark County)에 거주하고 있던 스코틀랜드 출신 이민자 가정에서 태어났다. 윌리엄 베어드는 어린 시절부터 어머니였던 낸시 베어드 (Nancy Faris Baird)의 신앙적 영향을 받으며 성장하였다. 그녀는 "엄격한 개혁교회 전통"으로 자녀들을 양육했고, 이러한 신앙 양육은 베어드로 하여금 일찍이 목회에 대한 관심을 가지게 하였으며, 후에 하노버 대학과 맥코믹 신학교에서 공부할 수 있는 신앙적 토대를 제공해 주었다.

윌리엄 베어드가 신학교를 다니던 1800년 대 후반의 미국은 복음으로 세계를 변화시키겠다는 젊은이들의 열기가 뜨겁게 달아오르고 있었다. 드와이트 무디와 아이라 생키의 복음전도집회의 영향을 받은 젊은 신학생들은 세계 각지에 선교사로 지원하겠다는 결심을 하게 되었고, 이들의 열정이 한데 모여 학생자원운동(Student Volunteer Movement)이 만들어지기에 이른다. 윌리엄 베어드와 그의 동기인 사무엘 마펫(Samuel A. Maffett)도 선교사가 되기로 결심하였고, 동기들 중 4명이 후에 한국에서 함께 선교사로 헌신하게 된다.

멕코믹 신학교의 동기인 마펫이 1889년 정식으로 북장로교 선교사로 임명되고 1890년 1월 조선에 도착하던 그 시기, 베어드는 우선 지역교회의 목회를 시작하게 된다. 아들 리처드에 의하면 이는 빚지기 싫어하는 스코틀랜드 남자의 특징을 보여주는 하나의 예로, 윌리엄 베어드는 형 존 베어드에게 진 빚을 모두 갚고 해외 선교사로 파송받기를 원했던 것 같다. 2년간의 지역목회를 하고 있던 윌리엄 베어드는 호러스 언더우드 선교사(Horace G. Underwood)와 그 형 존 언더우드, 그리고 동기인 마펫의 도움으로 1890년 북장로교 정식 선교사로 지명을 받고 이듬해 1891년 1월에 조선의 땅을 밟게 되었다.

엄격한 개혁교회 신앙으로 훈련받은 윌리엄 베어드는 한국 땅에 도착하자마자 복음 전도를 위해 여러 지역을 분주하게 다니게 되었다. 서울에서 있었던 선교사 연례회의에 참석하고 직후에는 부산지역에 개척선교를 위한 준비에 매진한다. 베어드의 부산에서의 선교정책과 그 진행 과정은 이후 평양에서의 교육선교에 많은 영향을 주었다. 특히 1895년 부산에서 만들어진 사랑방 학교는 복음 우선의 자립식 교육선교의 모태가 되어주었는데, 가난한 어린 아이들을 위한 사랑방을 하나의 교육선교의 장으로 만들어 예배와 학문을 동시에 가르치는 정책을 실시하며 자립, 교육, 헌신의 정책을 실험적으로 추진하였다. 이러한 베어드의 교육선교는 여타 다른 기관의 선교정책과는 사뭇 다른 특징을 지니고 있다. 특히 북감리교회의 교육선교의 방식은 프랭클린 올링거(Franklin Ohlinger)와 같은 선교사들의 기독교문명론에 기반하여 교육을 통해 근대화를 이루면서 이를 통해 선교의 영역을 확장해 나가는 것이었다. 하지만 엄격한 개혁교회 신앙 훈련을 받았고 평생 전도를 가장 큰 목회의 사명으로 여겼던 베어드는 정 반대의 노선을 택하게 되는데, 전도를 통해 토착기독교 공동체를 공고하게 세운 다음 교회와의 협력을 통해 기독교학교를 세워야 한다고 강조하였다. 그리고 이 학교들이 "기술자"들이 아닌 신실한 기독교인의 양성에 목적을 두어야 한다고 역설한다. 요약하자면 학교를 통한 교회 성장의 방향성이 아닌, 교회를 통한 학교의 성장에 방점이 찍혀 있는 것이다.

지역 교회의 역량을 기반으로 학교를 설립하고 학교의 교육을 통해 다양한 진로의 복음 전도자를 양성하겠다는 윌리엄 베어드의 교육정책은 1890년부터 소개되고 북장로교 선교의 핵심 정책으로 채택되었던 네비우스(Nevius) 선교정책과 맥을 같이

하고 있다. 네비우스 선교정책은 자립, 자치, 자전의 삼대 원칙을 기반으로 지역교회가 개척되고 자립적으로 교회가 지역선교에 매진해야 한다는 선교정책이다. 즉, 지역 기반의 교회와 학교를 통해 그 사회에 기여할 수 있는 복음적 지도자를 양성하는 것이 베어드의 교육정책의 핵심이었다.

2. 숭실의 설립과 발전

개신교 선교 30여 년 동안 교육과 선교에 있어서 평안도 지역은 다른 지역보다 빠른 성장세를 보여주고 있었는데, 일제에 의한 강제 병합이 벌어지던 1910년 즈음 평안도의 사립학교의 숫자는 한반도 전체 사립학교 수의 3분의 1이 넘는 수준이었으며, 평안남도의 경우 1918년에 전국의 사립학교 숫자에 17.4%에 달할 정도로 높은 교육 수준을 보여주고 있었다. 특히 취학률의 경우에도 전국 평균의 2배를 훨씬 넘는 인구 1000명 당 58명으로서 교육에 대한 남다른 열정을 보여주고 있음을 볼 수 있다. 복음화와 교육의 기지였던 평양은 윌리엄 베어드에게 있어서 지역교회를 기반으로 복음전도자를 양성하는 교육이념을 실현하기 위한 훌륭한 토대를 이미 갖추어나가고 있었던 것이다. 부산과 대구에 선교부를 만들고 활발하게 선교활동을 전개했던 베어드는 1896년 12월에 서울로 올라와 1년여를 동료 선교사와 함께 지역교회의 목회와 더불어 교육위원회에서 활동하며 북장로교의 교육선교 정책에 대한 전반적인 연구와 분석을 진행하였다. 그리고 그는 1897년 봄에 한반도 북쪽으로의 선교여행을 떠나게 되었는데, 이 여정에서 북쪽 지역의 기독교 공동체의 모습에 깊은 감명을 받게 되었다. 그는 형에게 보낸 편지에서 그 벅찬 감동을 다음과 같이 표현하고 있다.

> 북쪽 지방에 있는 사람들은 남쪽에 있는 사람들과는
> 다른 민족인 것 같습니다. 그들은 좀 더 독립적이고

새롭게 지어진 숭실학교 교사 (숭실대학교 홈페이지)

사려 깊고 정력적일 뿐만 아니라 남쪽에서 경험하는
많은 장애물들이 없었습니다… (제가) 방문한 지역은
평양 지역 사역의 북부 구역 중의 하나였습니다. 위대한
사역이 북부 현장에서 진행되고 있습니다. 마펫이 없는
동안에 그들은 일꾼이 부족하였지만, 그럼에도 그들의
수고로 모든 면에서 사역이 성장하였습니다.

북쪽 지방의 기독교인들에게 깊은 인상을 받은 베어드는 1897
년 10월 가족과 함께 평양으로 이사를 하게 되고 곧이어 부산
에서처럼 "학당"을 차려 학생들을 교육하기 시작하였다. 그리
고 중등 교육을 담당하던 이 학당은 동료 선교사인 스왈론 선교
사의 헌신으로 그 규모가 급격히 성장하였고 이러한 고무적인
분위기에서 베어드는 복음전도자를 양성하기 위한 새로운 학교
의 설립을 염두에 두고 한국인 동료들에게 이 학교의 이름을 지
어줄 것을 요청하게 된다. 이에 학당의 교사였던 한학자 박자중
(朴子重)이 실학을 숭상한다는 의미로 "숭실(崇實)"을 제시했고,
베어드는 이를 "진리를 드높이는 학교"로 이해하고 받아들이게
된다.

이렇게 숭실이라는 이름을 가지게 된 학당은 숭실중학이 되었

고, 1901년 10월 24일에는 6개의 교과목실과 예배당(스왈른 예배당이라고 명명된)을 갖춘 교사가 완공되어 봉헌예배를 드릴 수 있게 되었다. 이 학교도 베어드의 교육이념을 따라 수업료를 납부하기 힘들었던 일부 학생들은 노동과 학업을 병행하며 자립식 교육을 실시하게 된다.

고등교육기관을 통해 훌륭한 목회자와 교육자를 양성하겠다는 베어드의 결심은 1905년부터 그 열매를 맺기 시작했다. 이는 북장로교 선교부가 숭실학교 내에 대학부를 설치하기로 결의하고 이에 북감리교 선교부가 함께 연합하면서 이루어질 수 있었는데, 이를 통해 장감의 기독교 연합대학(The Union Christian College)이 세워지게 된다. 숭실학교는 이제 중학교, 소학교와 더불어 대학부까지 포함하는 일종의 종합교육기관으로 자리매김할 수 있었고, 대학부는 1908년 대한제국 정부로부터 4년제 대학으로 정식 인가를 받게 되었다.

하지만 숭실대학이 정식으로 대학교 인가를 받은 지 5년 여가 지날 시점 베어드는 뜻하지 않은 에큐메니컬 연합대학의 문제로 학교를 떠나게 되는 아픔을 겪게 되었다. 20세기 초반 한국에 들어온 선교사들은 에큐메니컬 정신, 즉 선교를 위해 교단 간의 경쟁을 지양하고 다양한 분야에서 협력해야 한다는 일종의 공감대를 형성하고 있었다. 이를 위해 1905년 미국 장로교회와 감리교가 연합하여 한국 복음주의 연합공의회를 만들어 "선교지의 분할과 교육사업"을 연합으로 진행하기로 하였다. 그리고 1차적으로 숭실이 기독교연합대학으로 대학 교육을 실시할 수 있게 되었다. 나아가 공의회는 에큐메니컬 정신에 따라 각 교단이 연합하여 설립 및 운영하는 연합대학교를 전국에 하나 설립할 것을 건의하였고, 그 장소로 평양과 서울을 제시하였다. 서울과 평양에 교단연합 대학교를 설립하기로 결정을 내리게 되면서 서울과 평양에서 사역하던 선교사들 사이에 미묘한 갈등이 드러나기 시작하였다. 그리고 그 배경에는 복음전도를 위한 사역자 양성을 제일 목표로 삼는 교육정책을 지향했던 마펫과 베어드의 입장과, 기독교 문명론을 지지했던 감리교와의 연합대학을 설립하고자 했던 서울의 선교사들의 상이한 입장이 있었음을 볼 수 있다. 평양은 이미 숭실대학이 있어서 목회자와 교사를 양육하는데 있어 유리한 입장에 있었지만, 감리교 선교부는 기독교문명론에 기반한 본인들의 교육이념을 실현하기 위해 자신들의 입장을 강력하게 주장하며 결국 1912년 숭실대학의 운영에서 손을 떼고 말았다. 그리고 북장로교 선교부와 북감리교회는 서울에 연합기독교 대학을 설립할 것을 결의했고, 베어드는 결국 1915년 숭실학교의 교장직을 내려놓을 수밖에 없었다. 결론적으로 베어드를 비롯한 평양 지역의 선교사들의 반발과 설득으로 평양에는 장로교가 독자적으로 운영하는 숭실대학이 존치될 수 있었고, 서울에는 장감연합의 연합기독교대학(현 연세대학교)이 세워지게 된다.

이후 숭실대학은 2대 라이너(R. O. Reiner) 교장, 3대 마펫 교장을 거쳐 4대 맥큔(G. S. McCune)이 그 교장직을 이어나갔다. 4대 교장 맥큔의 지도 아래 숭실대학은 장족의 발전을 거듭하게 된다. 맥큔 교장은 1931년 농과와 공과를 새로 설치하며 여러 과학실험 기자재와 교수진을 확충하였고, 실질적인 농촌의 기독교 지도자를 양성하는 데 매진하였다. 나아가 고등농사학원을 개설하여 농촌을 진흥시켜 민족의 자강을 꾀하기도 하였다. 이러한 맥큔 선교사의 노력에는 1925년 일제에 의해 어쩔 수 없이 전문학교로 개편할 수밖에 없었던 역사를 뒤로 하고 종합대학 승격을 위한 포부가 담겨 있음을 볼 수 있다. 하지만 그의 야심찬 계획은 오래가지 못했다. 일제가 아시아 침략전쟁을 확대해 나가며 내선일체의 정책을 강화하면서 한국인들에게 신사참배를 강요하는 일이 벌어지게 되었다. 이에 대해 5대 교장으로 취임한 모우리(Eli. M. Mowry) 교장은 1938년 신사참배를 거부하며 총독부에 폐교원을 제출하는 것으로 맞서게 되었고 결국 숭실의 이름은 잠시 역사 속으로 사라지게 된다.

이후 일제가 폐망하고 북한에 공산정권이 들어서면서 북한 땅에 거주하던 많은 숭실대학의 졸업생들이 고향을 등지고 월남하게 된다. 이들은 한국 전쟁 직후인 1954년 문교부의 대학설립 인가를 얻고 영락교회 교육관을 임시 교사로 하여 서울에서 재건된 숭실대학의 한 시대를 열게 되었고, 1957년에는 현재 상도동에 신축 교사를 건축하고 새로운 터전을 마련하게 되었다.

3. 숭실의 기독교적 선교와 교육– 21세기 기독교전 인재의 양육

현재 숭실대학은 대한예수교장로회 통합 총회의 유관학교로 등재되어 있는 기독교 정신이 살아있는 종합대학이다. 숭실대학의 100년사와 120년사에서 소개하고 있는 숭실대학교의 창립이념은 세 가지 내용으로 정리되어 있다. 첫째는 숭실이라는 교명이 상징하는 것처럼, 진리의 탐구이다. 즉, 복음 전도자로서 젊은이들을 양성하는 것이며, 이는 유일한 진리이신 하나님의 사랑의 힘을 통해서만 민족의 자강을 이룰 수 있음을 깨닫게 하는 것이다. 둘째는 봉사의 정신으로 그리스도의 희생과 봉사의 정신을 이어서 땀과 노동의 가치를 소중히 여기고 이를 이웃의 구원을 위해 사용하는 것을 의미한다. 즉, 진정한 봉사는 땀을 통한 헌신과 복음의 전파에 있다고 볼 수 있다. 셋째는 자유의 구현이다. 진정한 자유는 복음을 통해서만 깨달을 수 있고 이를 현실에서 구현하는 것이 신앙인의 의무라고 볼 수 있다. 이러한 의무를 실천하기 위해 숭실의 구성원들은 일제에 저항하며 민

숭실대학교 야경

족 독립운동에 앞장섰다. 105인 사건으로 평안도 지역의 기독교인들이 고초를 당하게 되었는데 이들 중 16명이 숭실의 구성원이었음은 숭실이 당시 민족운동사에서 어떠한 위상을 가지고 있었는지를 확인시켜 주는 역사적 사실이다.

숭실대학은 윌리엄 M. 베어드 선교사가 실현하고자 했던 다양한 삶의 영역에서 전도자의 삶을 살아가는 기독교 신앙으로 무장한 젊은 리더들을 양성하는 비전을 급격하게 변화하는 21세기에 실현하고자 노력하고 있다. 그리고 이러한 숭실의 노력은 숭실의 구성원을 위한 교양과목과 채플을 통한 교목실의 신앙 훈련 프로그램으로 구현되어가고 있다. 숭실의 신앙교육은 사회와 동떨어진 교회 안의 신앙인이 아닌 신앙을 기반으로 사회의 아픔에 공감하고 이를 치유할 수 있는 기독교 인재의 양성을 지향하고 있다. 이러한 목적으로 "현대사회의 이슈와 기독교," "인류문명과 기독교," 그리고 "성서와 문화"라는 기독교 교양 필수 과목을 개설하여 학생들을 가르치고 있으며 채플을 통해서도 기독교 신앙의 소개와 훈련을 진행하고 있다. 복음, 봉사, 자유의 참 전도자를 양성하겠다는 윌리엄 M. 블레어의 비전은 21세기 숭실에서 다시 한번 그 빛을 찬란하게 비추고 있다.

참고문헌

박삼열. "19세기 말 서울과 평양 선교부의 교육정책," 「인문사회 21」, 11권 2호 (2020), 2205~2219.

베어드, 리처드. 김인수 역. 『배위량 박사의 한국선교』. 서울: 쿰란출판사, 2004.

베어드, 윌리엄 M. 김용진 역. 『윌리엄 베어드의 선교리포트, I』. 서울: 숭실대학교 한국기독교 박물관, 2016.

변창욱. "윌리엄 베어드의 선교방법과 교육선교 정책," 「한국기독교신학논총」 74호(2011), 317~341.

숭실대학교 한국기독교 박물관 편, 『윌리엄 베어드박사의 한국선교와 숭실』. 서울: 숭실대학교, 2007.

숭실대학교 120년사 편찬위원회 편. 『민족과 함께 한 숭실 120년』, (서울: 숭실대학교, 2017).

황민호. "『매일신보』에 나타난 평양지역의 3.1 운동과 기독교계의 동향," 「숭실사학」 31 (2013), 83~114.

피어선
(A. T. Pierson)과
평택대학교

황훈식 박사

평택대학교 교수

아더 태편 피어선

Arthur Tappan Pierson

1. 아더 태펀 피어선 선교사의 생애와 선교

평택대학교는 아더 태펀 피어선 박사의 유지에 의해 1912년에 설립되었다. 피어선 박사는 미국 최고의 명문 사립대학인 예일대학교 창립자(아브라함 피어선) 가문의 후손으로 19세기 세계적인 선교전략가이자, 목회자, 순회설교자, 케직영성집회 강사, 성경교사로 50년간 사역했고, 60여 권의 책과 1만 3천 편이 넘는 설교문과 연설문을 썼다. 그러한 그의 삶과 정신에 부합되게 평택대학교는 '성경, 연합, 선교'라는 설립이념을 바탕으로 111년 동안(2023년 기준) 초교파적 복음주의 기독교대학으로서의 사명을 감당해 나가고 있다.

1) 출생과 교육

피어선 박사는 1837년 독실한 장로교 집안이었던 샐리와 스티븐 피어선의 아홉 번째 아이로 태어나 자랐다. 그는 13세 때에는 감리교 부흥집회에 참석해서 회심했다. 그 후 그는 기독교 중고등 사립학교에서 복음주의 교육을 받았고, 1853년 뉴욕주 클린턴에 있는 해밀턴 대학에 들어갔다. 대학에 들어가서 작문, 수사학, 웅변, 언어학에 두각을 나타냈다. 그리고, 1857년 졸업 후 같은 해에 뉴욕의 유니온 신학교에 입학했다. 이곳에서 그는 신학적 훈련과 성경 읽기, 경건 훈련을 했고, 성령세례를 경험했다. 1860년 5월 유니온 신학교를 졸업한 피어선은 같은 해에 뉴욕 제3노회에서 목사안수를 받고 7월에는 사라 베네딕트 (Sarah Frances Benedict)와 결혼하면서 본격적인 목회자의 삶을 시작했다.

2) 목회활동

피어선 목사는 1860년부터 1889년까지 29년간 총 5개 교회에서 미국 목회사역을 펼쳐 나갔다. 첫 목회는 뉴욕 빙햄튼 제일 회중교회에서 시작되었다. 이 교회는 장로교회와 회중교회 간의 강단교류 및 목사직 교류라는 연합계획에 따라 장로교 목사였던 피어선 목사를 초빙했고, 이로인해 초교파적 연합을 지향했던 교회였다. 이곳에서 그는 빈약한 교회재정과 목회적 무경험으로 인해 심한 어려움을 겪었다. 더구나 당시 남북전쟁 (1861-1865년)의 사회적 혼란 속에서 시민전쟁에 대한 교인들끼리의 의견충돌은 목회에 무경험이었던 피어선 목사에게 어려운 도전과제였다. 그러나 그의 강직하고 바른 성품은 항상 자신보다 교회를 더 생각하였고, 이러한 피어선 목사의 결단과 헌신으로 교회는 앞날에 대한 비전을 품고 발전해 나갈 수 있었다.

그의 두 번째 목회지는 뉴욕주 워터포드 장로교회였다. 1863년 8월 부임한 피어선 목사는 첫 목회지에서 얻은 경험을 바탕으로 새로운 목회를 시작했다. 그가 인도했던 성경공부반은 주일 오후에 2백여 명의 주민들이 모여들 정도로 정평이 나게 되었다. 교회는 급성장하게 되었고, 급기야는 피어선의 지도하에 교회당을 두 배 크기로 개축하기에 이르렀다. 이곳에서 그는 도시선교와 외지선교를 교인들에게 강조했다. 그는 부흥회를 열어 선교를 강조했고, 선교를 위한 모금을 전개해 나갔다. 피어선 목사는 워터포드 목회기간 첫 유럽방문의 기회를 갖게 되어 영국 내 유명한 설교자들을 만날 수 있었는데, 특히 찰스 스펄전(Charles Spurgeon)의 설교는 그에게 많은 영감을 주었다. 목회가 안정되고, 이름이 알려지자, 그는 1869년 1월 세 번째 목회지 중서부 도시 디트로이트의 포트 스트리트 장로교회로부터 청빙을 받았다.

피어선 목사는 이 지역의 대표적인 교회를 담임하면서 영향력을 넓혀 나갔는데, 1875년에는 미시건 대회의 의장도 역임하였다. 교인들도 증가하여 부임할 당시 300명이었던 인원이 2년 사이에 850명이 되었다. 무엇보다 피어선 목사는 교인들에게 도시빈민선교의 일환으로 교회개방을 강조했다. 또한 안락하고 부유한 사람들을 위한 교회예배당 유료 지정좌석제를 폐지할 것을 독려했다. 그러는 중 1876년 교회는 갑작스러운 화재로 전소되었고, 16개월 동안 오페라 하우스를 임대해 예배를 드리게 되었다. 그 후 새로운 예배당이 완공되어 목회사역을 이어 나갔지만, 부자와 가난한 자들 간의 갈등, 교회음악에 대한 서로 다른 의견 충돌, 설교 스타일에 대한 비판 등 목회사역을 펼쳐나가는데 한계를 느끼게 되었다. 그리하여 1882년 7월 피어선 목사는 디트로이트 사역을 접고 인디애나폴리스로 목회지를 옮겼다.

인디애나폴리스 제2장로교회에 부임한 피어선 목사는 처음의 환영과는 달리 점점 교인들과의 감정적 마찰로 인해 6개월 만에 목회사역을 갑작스럽게 사임했다. 교인들과의 마찰이 일어난 부분은 설교 중 교인들에 대한 질책이었다. 설교 중에 나타난 질책은 부유한 교인들의 대중적 오락과 제직들의 카드놀이에 대한 부분이었다. 교인들은 엄격한 청교도적인 신임 목사에 대한 반감을 갖게 되었다. 피어선 목사는 교회가 자신으로 인해 분열되는 것을 막기 위해 급히 사임을 결정했다. 이때가 1883

년 4월이었다.

그해 여름 미국의 '백화점 왕'이었던 존 워너메이커(John Wanamaker)는 자신이 필라델피아에서 창립한 베다니 장로교회 목사로 피어선 목사를 청빙 했다. 베다니 교회는 이제까지 목회했던 교회 규모 가운데 가장 큰 규모를 가진 교회였다. 초교파적 혁신적 예배스타일을 가진 베다니 교회는 대략 1,500명의 성도들과 2,500명의 주일학교 학생들이 있었다. 피어선 목사의 베다니 교회 목회사역은 존 워너메이커의 강력한 후원으로 이상적이었다. 늘 반대해 왔던 부유층 신자들을 위한 유료 지정제를 폐지하였고, 교회를 예배뿐만 아니라, 교육과 봉사의 장으로 만들었다. 그는 당시 미국 사회가 안고 있던 도시빈민층에 대한 문제는 교회가 복음의 정신으로 해결해야 한다고 보았다. 도시문제에서 나타난 자본과 노동 간의 투쟁, 무절제한 술 문화와 주세인상문제, 여성의 사회진출 등 교회는 당면한 사회적 문제에 눈을 가려서는 안 된다고 하였다. 그래서 피어선은 빈곤문제 해결을 위한 방안으로 교회가 이들의 교육과 양육, 건전한 오락문화를 제공해야 한다고 보았다. 또한 소년들을 위한 산업훈련원 설립하여 그들을 양육하고 고용할 것을 주장했다.

베다니 교회에서 목회할 때 피어선 목사는 교회에 노동자들을 위한 야간대학을 개설하고, 독일어, 부기, 기계설계, 양재, 발성법, 교회사 등을 교육했고, 적은 등록금을 책정했다. 이에 1883년에서 1884년 동안 700명의 학생이 베다니 대학에 등록했다.

3) 선교활동

그는 1886년 노스필드에서 세계선교에 큰 영향을 미쳤던 학생자원운동(Student Volunteer Movement, SVM)을 19세기 미국 최고의 부흥사 드와이트 라이먼 무드(Dwight Lyman Moody)와 고든 코웰대학 설립한 아도니람 저드슨 고든(Adoniram Judson Gordon)과 함께 창립하였다. 이 운동을 통해 자원했던 많은 학생들이 조선으로 선교하러 오게 되었다. 구한말 한국에 온 135명의 선교사 중 81명이 학생자원운동 출신이었고, 피어선은 조선 선교사들의 영적 멘토이자 아버지였다. 특히 조선에 온 장로교 최초의 선교사 언더우드(Horace Grant Underwood)는 미국 뉴 브론스위크 신학교에서 공부할 때(1883-1884년), 피어선의 강의를 듣고 선교사가 되기를 결단한 학생이었다. 1889년 9월 피어선 목사는 6년간의 베다니 교회 목회사역을 접고, 순회설교자 및 선교운동가로의 삶을 시작했다.

4) 후반기 사역

베다니 교회를 사임한 후 7개월 동안 피어선 목사는 영국과 스코틀랜드에서 150회의 집회를 인도하며 순회설교를 이어갔다. 당대 최고의 설교가였던 찰스 스펄전 목사는 건강 악화로 임시 설교자로 피어선 목사에게 강단설교를 이어갈 것을 부탁했다. 피어선은 이러한 요청에 다른 일들을 포기하고, 교회의 청빙을 수락하여 1891년 10월 말부터 6개월간 런던 메트로폴리탄 태버너클 침례교회에서 설교사역을 시작했다. 그러나 스펄전이 휴양지에서 건강 악화로 세상을 떠나자, 피어선은 1893년 4월까지 스펄전이 했던 사역을 이어나갔다.

 피어선의 후반기 사역의 새로운 전환점은 1895년 선교운동의 동지이자 절친한 친구인 아도니람 저드슨 고든의 죽음이었다. 이로 인해 영적 침체에 있었던 피어선 박사는 그해 여름 영국 케직집회 강사였던 앤드류 메레이(Andrew Murray)를 통해 케직 영성에 깊은 울림을 경험했다. 그리고 그는 1897년부터 1909년까지 12년 동안 매년 케직집회의 강사로 활동했다.

그는 1887년부터 편집장으로 있었던 「세계선교평론」(The missionary Review of the World)를 통해 세계 선교현장의 소식을 담아내면서 세계선교 사역을 감당하고 있었다. 특히 한국선교에 대한 그의 관심은 특별했다. 학생자원운동 출신이었던 선교사들 가운데 정신여학교와 경신학교를 설립한 제임스 게일(James Scarth Gale)과 평양신학교를 설립한 사무엘 마펫(Samuel Austin Moffett, 마포삼열), 연세대학교 설립자인 언더우드와는 이미 오랫동안 친분관계를 맺고 있었고, 한국교회의 부흥을 위해서 직간접적으로 참여하고 있었다.

그는 노년의 건강상 무리였던 선교여행을 감행하면서 1910년 12월 초 한국을 방문하여 6주를 보냈다. 이 기간 선교사들과의 성경공부를 진행했고, 한국교회의 부흥을 생생히 접하였다. 이때 그는 한국교회와 교인들을 위해 성경학원이 설립되어야 함을 확신했다. 그는 1911년 1월 8일 조선에서 선교사들을 개인적으로 더 만나길 원했지만, 개인 면담조차 어려운 건강 상태였기에 "하나님을 전적으로 의지하고, 자신을 포기하라"는 메시지와 함께 작별인사를 글로 남기고 의사의 권면을 받아들인 미국 귀환 여정에 올랐다. 미국으로 귀환 한 피어선 박사는 1911년 6월 한국에 성경학원을 세우라는 유언을 남기고 향년 74세로 별세했다.

2. 평택대학교 설립과 발전

평택대학교는 피어선 박사의 소천 이후, 그의 유지에 따라 '피어선기념위원회'가 조직되었고, 이를 통해 1912년 10월 15일 한국에 '피어선성경기념학원'(Pierson Memorial Bible School)이라는 이름으로 설립되었다. 이 학원은 초창기 지금의 감리교신학대학교인 '협성신학교' 건물에서 수업이 시작되었다. 그러다가 피어선기념위원회 후원을 통해 1917년 5월 서양식 3층으로 된 독자적 건물을 세웠다. 현재 지명으로 서울 종로구 신문로에 세워진 피어선성경기념학원 건물은 서양건물이 전무한 시대 장안의 화제가 되었다. 초대이사장 겸 원장을 언더우드가 맡았고, 북장로교와 남북감리교 선교부가 협력하여 공동으로 운영했다. 1935년 양 감리교 선교부는 세계대공황의 여파로 학원운영을 위한 재정을 지원할 수 없어 북장로교 선교부가 주도하여 경영을 맡기도 하였다. 그러나 창립이념인 초교파적인 연합정신을 계속 유지했다.

 피어선기념성경학원은 평신도 성경교사 양성과 신학교 진학 예비 후보생 교육 등 초기 한국기독교 지도자를 양성하고 민족복음화에 공헌했다. 또한 일제에 항거해 피어선기념성경학원

기숙사에서 유재헌을 중심으로 제2의 6.10 만세운동과 대규모적인 거국운동을 계획하기도 하였다. 피어선기념학원은 일제의 신사참배 강요에 대한 항의로 자진 폐교했고, 해방과 더불어 다시 개교했지만, 6.25년 전쟁으로 중단되었다가 1953년 5월 다시 개교했다. 1968년에는 교명을 '피어선성서신학교'로 바꾸었고, 그 후 1980년 12월 29일 자로 문교부로부터 4년제 대학 인가를 취득한 것을 계기로 새로운 도약기를 맞았다. 1981년 3월 평택에 새로운 교사를 신축하고 신학과, 사회복지학과, 음악학과 학생들을 모집하였다. 1990년 1월 28일 자로 '피어선 대학'으로 개편승인을 받았고, 1992년 4월 1일 종합대학으로 '피

1917년에 서울 신문로에 세워진 피어선기념성서학원을 현재 평택교정 안에 복원한 건물모습

어선대학교'로 승격되었으며 최종적으로 1996년 3월 1일에 현재의 교명 '평택대학교'로 개명했다. 현재(2023년 기준) 평택대학교에는 약 3,400명의 재학생들과 200명의 교직원들이 있고, 1,153명의 학생들을 수용할 수 있는 기숙시설물(제1국제관, 제2국제관, 제3국제관)을 갖추고 있다. 평택대학교는 4개의 단과대학(IT공과대학, 국제물류대학, 사회서비스대학, 문화예술대학) 안에 창립학과인 신학과를 비롯한 다양한 전공학과를 두었다. 대학원은 피어선신학전문대학원, 일반대학원, 사회복지대학원, 상담대학원, 글로벌비즈니스 대학원, 통번역대학원으로 구성되어 있고, 약 400명 재학생들이 석사와 박사과정을 밟고 있다. 그리

평택대학교 100주년 기념탑 전경 (평택대학교 홈페이지)

고 15개국 44개 해외대학과 자매결연을 맺어 국제화 시대에 발맞춘 우수하고 다양한 해외 교육 프로그램들이 시행되고 있다.

3. 평택대학교의 기독교적 선교와 교육- 21세기 기독교적 인재의 양육

현재 평택대학교는 피어선 박사의 창학정신을 바탕으로 "성경, 연합, 선교"라는 대학설립이념을 구현하기 위해 노력하고 있다. 평택대학교 교목실은 학부 필수 이수과목으로 경건 실천(한국어, 중국어, 베트남어 채플)을 4학기 동안 시행하고 있고, 신학대학원에서는 월요일 신대원 채플을 시행하고 있다. 학부 교양선택 과목으로 "기독교 알기", "문학으로 만나는 기독교", "피어선과 한국기독교", "성경유적지탐구"을 개설하여 기독교적 인성과 덕성 함양에 힘쓰고 있다. 아울러 교목실은 채플 외에도 학원 복음화를 위해 교수선교, 직원선교, 학생선교, 지역교회들과의 네트워크와 교류를 활성화하고 있고, 피어선기념성경연구원을 통해 피어선 박사의 복음주의 신학과 정신을 계승 발전시키기 위해 「피어선신학논단」과 각종 관련 행사를 실행하고 있다.

참고문헌

1. 내한선교사사전 편찬위원회 편. 『내한선교사 사전』. 서울: 한국기독교역사연구소, 2022.

2. 김현진/한동구 외. 『피어선의 사람들』. 서울: Pubple, 2021.

3. 로버트, 데이나/유윤종 역. 『내가 올 때까지 완수하라: 피어선의 생애와 세계복음화』. 서울: B&A, 2004.

4. 로버트, 데이나 L./박달진 역. 『아더 피어선과 복음주의 운동』. 서울: 양서각, 1988.

5. 평택대학교 홈페이지.

린튼
(W. A. Linton)과
한남대학교

정용한 박사

연세대학교 교수

William Alderman Linton

윌리엄 린튼

1. 윌리암 린튼(인돈)의 생애와 선교

인돈(William Alderman Linton)은 1891년 2월 8일 조지아 주와 플로리다 주의 경계에 있는 토머스빌(Thomasville)에서 태어났다. 그의 가정은 대대로 부유한 농장주 집안이었지만 어린 시절 형과 누나, 여동생까지 전염병으로 잃어야 하는 어려움을 겪었다. 아버지 또한 농부가 되기 싫다는 이유로 가정을 등지고 도시로 떠났기에 인돈은 어머니와 이모(Callie McIntyre)의 돌봄을 받으며 자랐다. 유년 시절의 인돈에게 가장 큰 영향을 준 사람은 당시 출석하던 교회의 주일학교 교사 신시아 맥린(Cynthia McLean)이었다. 그녀는 인돈의 진정한 친구가 되어 주었고 그에게 선교사의 꿈을 심어 준 장본인이었다. 인돈은 청소년 시절 신앙생활뿐 아니라 학업에도 열심을 내었고, 1907년 명문학교인 조지아텍 공과대학에 입학하였다. 하지만 그에게 또 다른 시련이 닥쳤다. 그가 의지하던 어머니마저 병환으로 세상을 떠나고 만 것이다. 하지만 당시 인돈이 다니던 노스애비뉴 장교 교회의 장로였던 외과 의사 헐(M. M. Hull) 박사가 인돈을 자신의 집에 살게 하며 그를 돌봐 주었다. 인돈은 헐 박사에게서 큰 감명을 받고 선교사로서의 삶을 다짐하였다. 1912년은 대학 졸업을 앞둔 인돈에게 진로를 결정하는 데 있어 가장 중요한 해가 되었다. 그해 조선에서 활동하던 남장로회 소속의 변요한 선교사를 만났기 때문이다. 변요한 선교사는 광주에서의 사역을 잠시 내려놓고 안식년을 맞아 미국으로 돌아와 선교사를 모집하는 활동을 벌이고 있었다. 인돈은 그가 진행하는 선교사 모집 캠페인에 참석하였고, 거기서 그의 삶을 주님께 헌신하기로 결심하였다. 안정된 직장의 유혹과 사랑하는 이모의 만류가 있었지만 그는 선교사로서의 소명을 뿌리칠 수 없었다. 인돈을 선교사로 파송하는 일은 일사천리로 진행되었다. 그리고 마침내 인돈은 1912년 9월 20일 그가 평생을 바치게 될 조선에 미국 남장로회 선교회가 파송한 최연소 선교사로 도착하였다.

인돈은 첫 번째 사역지로 군산에 배치되어 영명학교에서 가르치기 시작했고, 1917년부터는 그곳 교장과 군산지역 주일학교 관리를 맡았다. 인돈은 이 시기 교육 선교사로서의 전문성을 갖추기 원했고, 안식년을 통해 그 꿈을 실현할 수 있기를 소망했다. 그는 선교회의 배려로 1919년부터 첫 번째 안식년을 갖게 되었다. 인돈은 교육학을 공부하기 위해 뉴욕의 컬럼비아 대학교 대학원 과정에 진학했고, 동시에 화이트 성경학교에서 신학을 연구하였다. 인돈은 공부하는 틈틈이 자신이 조선에서 경험했던 일제의 학정과 삼일운동의 의의를 미국사회에 전하는데도 최선을 다하였다.

이 시기 공교롭게 함께 안식년을 보내고 있던 변요한 선교사는 유진 벨 선교사의 딸인 샬롯 위더스푼 벨(Charlotte Witherspoon Bell)을 인돈에게 소개해 주었다. 한국으로 돌아온 인돈은 편지를 통해 샬롯에게 청혼하였고, 마침내 두 사람은 1922년 6월 10일 고베에서 결혼식을 올렸다. 인돈과 인사례(Charlotte B. Linton) 부부는 같은 해 광주에서 열린 남장로회 선교사 연례회의에 함께 참석하며 공식적인 선교활동을 시작하였다. 부부는 군산에서 신혼 생활을 시작하였고, 인돈의 공식 임무는 군산 영명학교의 교장직이었으며, 평양 숭실전문학교의 파송 이사직도 겸하였다. 인사례는 1923년과 1924년에 빌리(William A. Linton)와 유진(Eugene B. Linton)을 낳았으며, 어학 공부와 함께 여성을 위한 성경반을 맡아 선교사역을 도왔다.

인돈은 1926년 남장로회 연례회의에서 선교회 대표로 선출되면서 14년간의 군산 지역 선교를 정리하고 전주로 사역지를 옮기게 되었다. 선교회는 전주 신흥학교를 일제가 요구하는 공립학교 수준에 맞추어 지정학교 인가를 받아야 하는 과제를 안고 있었다. 학교가 인가를 받는 데 있어 인돈이 가진 교육자로서의 전문성이 필요했던 것이다. 인돈은 셋째 아들 인휴(Hugh McIntyre Linton)가 태어났음에도 가족과 함께 전주로 이사했고 곧바로 임시 교장직을 맡았다. 하지만 당시 선교회의 재정 상황과 일제의 방해 공작을 고려할 때 그 일은 거의 불가능한 과제였다. 인돈은 교육선교 외에도 전주지역의 주일학교 사역을 감독하며 순회 사역을 펼쳤다.

인돈은 교육 선교를 감당하며 교유자로서의 정체성과 함께 목사로서의 부르심을 고민하기 시작했다. 다행히 1928년 7월부터 2년간의 재교육 시간을 얻게 된 인돈은 애틀랜타 인근의 컬럼비아신학교에 진학해 신학 공부에 전념했다. 마침내 인돈은 1930년 5월 고향 토머스빌 교회에서 목사 안수를 받고 그해 7월에 조선으로 돌아와 다시금 신흥학교의 교장직을 맡게 되었고 학교 외에도 7개의 교회를 돌보기 시작했다. 인돈은 선교회의 숙원사업인 지정학교 인가를 위해 최선을 다하였고 마침내 조선총독부의 지정학교 인가를 취득하였다(1933년 4월). 하지만 기쁨도 잠시, 1936년 일제가 강요한 신사참배 문제는 선교회로

하여금 더 이상의 교육선교가 불가능하다는 결론에 이르게 하였고, 선교회는 신흥학교 또한 신사참배에 있어 예외일 수 없다고 판단하고 1937년 9월 폐교를 결정하였다. 더 이상 학교사역을 할 수 없게 된 인돈은 40여개의 시골 교회를 돌보는 사역에 집중하였으나, 이 또한 일제의 감시와 탄압 속에 많은 어려움을 겪어야 했다.

인돈은 1938년 6월부터 세 번째 안식년을 갖게 되었다. 그동안 소홀했던 가족들을 위해 인도양을 거쳐 성지와 유럽을 돌아 미국으로 향하는 일정을 가졌다. 학교의 폐교로 겪어야 했던 아픔을 가족의 사랑과 지지로 극복하며 회복하는 재충전의 시간을 가진 것이다. 인돈은 마음을 추스르고 다음 해 사역지로 복귀했다. 하지만 일제의 탄압은 더욱 노골화되었고, 태평양 전쟁이 발발한 상황 속에서 미국 영사관은 모든 선교사들의 철수를 명령하기에 이르렀다. 인돈의 가정도 1940년 11월 14일 미국으로 철수해야만 했다. 미국으로 돌아온 인돈은 테네시 내슈빌의 남장로회 해외선교본부에서 일하게 되었다. 인돈은 미국으로 복귀한 선교사들의 사역지 배정과 함께 다양한 행정 업무를 처리함에 있어 탁월한 능력을 발휘했고 본부가 주는 상을 다섯 차

례나 수상하였다.

일본이 패망한 후 남장로회 해외선교본부는 선교사들의 북귀를 위해 현장 조사를 실시했다. 인돈은 한국조사위원회의 위원장으로 1946년 7월 1일, 6년 만에 다시 한국 땅을 밟게 되었다. 안타깝게도 한국 교회는 좌우진영의 갈등과 신사 참배의 후유증으로 심한 분열을 겪고 있었다. 인돈은 먼저 호남 지역에 남겨두고 갔던 선교회의 기관과 건물들을 살피고 재건하기 위한 사역에 몰두했다. 미군정의 도움으로 그 사역은 차근차근 진행될 수 있었다. 남장로회 해외선교본부의 재건 계획에 있어 대학 설립을 위한 예산으로 14만 달러가 책정된 것도 이때의 일이었다.

2. 대학의 설립과 발전

미국 남장로회는 새로운 시대를 맞이하는 한국의 미래를 위해 이전의 사역을 재건하는 데만 관심을 두지 않았다. 대신 새로운 사역을 위한 토대를 마련할 방법을 찾았다. 이 사역의 일환이 미국식 고등교육을 한국에 도입하는 것이었고 지금까지의 경험을 통해 인돈이야말로 그 사역을 맡을 적임자라라는 공감대가 형성되었다. 한국조사위원회의 활동으로 1947년 봄부터 선교사들이 대거 복귀할 수 있었고, 대학설립을 위한 본격적인 논의가 1948년 2월 순천에서 열린 임시위원회에서 다루어졌다. 그 후보지로는 전북노회, 전남노회, 순천노회가 원하는 전주, 광주, 순천과 함께 대전이 고려되었다. 남장로회는 교육위원회의 제안에 따라 대학 설립 문제를 다루는 실행위원회로 '대학위원회'를 조직하였고, 그 위원으로 인돈, 노라복, 조하파, 구바울을 임명하였다. 이들은 논의 과정에서 처음에는 광주 혹은 전주를 후보지로 다루었지만 결국 남장로회가 아직 개척하지 못한 대전을 최종 후보지로 선정하고 초대 학장으로 인돈을 임명하

인돈기념관 (한남대학교 홈페이지)

였다. 인돈은 이 사역의 의미를 누구보다 잘 알고 있었기에 최선을 다해 대학 설립을 위한 준비작업에 착수하였다. 하지만 그해 암 진단을 받고 갑작스럽게 수술차 미국으로 출국해야만 했다. 인돈의 간절함 때문이었을까 몸은 빠른 시일 내에 회복되었고 같은 해에 복귀할 수 있었다. 귀국 후 인돈은 남장로회 유지재단의 법인 대표였던 타마자 선교사와 함께 대전에서 대학설립을 위한 부지를 구입하였다.

1950년 6월 21일 전주에서 열린 남장로회 연례 회의에서 대전지역의 선교를 위한 다양한 안건들이 논의되었다. 하지만 한국전쟁의 발발로 남장로회 선교사들은 일본으로 피난을 가야만 했고, 인돈 부부는 끝까지 전주에 남았다가 부산으로 대피했다. 그곳에서 인돈은 유엔과 한국을 연결하는 가교 역할을 담당하였고 목사로서 미군과 전쟁포로들을 위한 사역에도 힘을 보탰다. 다행히 1952년, 인돈은 1년이 채 안 되는 시간이었지만 4번째 안식년으로 전쟁과 격무로 피폐해진 심신을 가족들과 함께 돌보며 재충전의 시간을 가졌다.

인돈이 귀국한 한국 교회의 상황은 전쟁뿐 아니라 보수와 진보의 신학적 갈등으로 큰 어려움을 겪고 있었다. 인돈은 어느 한 쪽의 신학적 입장에 서는 대신 교회의 화합과 평화를 위한 방안을 찾기 위해 노력했다. 특히 한국 전쟁이 끝난 이후 무너진 나라와 교회를 재건하기 위해 대학을 세우고 젊은이들을 키워야 한다는 필요성을 절감했다. 이 당시 셋째와 넷째 아들인 인휴와 인도아가 선교사로 다시 한국에 돌아와 부모님의 사역을 돕게 되었다. 1954년 5월 6-15일, 전주에서 열린 제8회 남장로회 연례회의에서 대학설립을 위한 본격적인 논의가 시작되었다. 그리고 비밀 투표 끝에 대전이 최종 후보지로 확정되었다. 대전은 남장로회 입장에서는 선교 경험이 없는 황무지와 같은 곳이었지만 교통의 요충지라는 장점과 함께 노회들 간의 유치전이 심화된 상황에서 선정의 부담이 적은 곳이라는 장점이 컸다. 여전히 전주에 살고 있던 인돈은 대전을 오가며 대학 설립과 인가를 위한 여러 업무를 주도적으로 진행하였다. 인돈의 헌신으로 설립을 위한 준비는 차근차근 진행되었지만 그에게는 큰 건강상의 어려움이 다시 찾아왔다. 인돈은 1955년 4월, 도쿄에 있던 미 육군 병원으로 건너가 재수술을 받아야 했다. 그해 11월, 선교회의 배려로 인돈은 가족과 함께 대전으로 이사해 개교를 위한 준비에 매진했다. 인돈은 자신의 사택과 대학의 본관 건물을 모두 최신 서양식 건물에 지붕만 기와로 올려 한옥의 모양을 갖추도록 했다. 비록 대학이 미국 남장로교회의 헌금으로 설립된 남장로회 재산일지라도 한국 교회와 한국인을 섬기기 위한 건물과 학교가 되어야 한다는 그의 신념이 녹아든 결정이었다. 김기수 선교사는 도서관을 만들고 커리큘럼을 준비했으며, 1) 성경 및 철학, 2) 영문, 3) 교육, 4) 화학, 5) 수학 및 물리를 가르치고 배우는 다섯 개 학과를 계획했다.

최선을 다한 준비에도 학교는 제반 시설의 미비를 이유로 문교부로부터 4년제 정규 대학이 아닌 '학관'으로 허가를 받았다. 일단 학교는 1956년 4월 10일, '대전기독학관'이라는 이름으로 81명의 신입생과 5명의 전임교수로 개교하였다. 정규대학 설립 인가를 받기 위한 부단한 노력은 1959년 2월 26일에서야 열매를 맺었는데 국내 선교사들 외에도 남장로회 외교사절로 문교부 장관을 만난 리크로 장로의 공로가 컸다. 마침내 학교 이름은 대전대학교로 변경되었고, 초대 학장으로 인돈이 추대되었다. 인돈은 대학의 현안들을 해결하며 학교를 안정시키기 위해 최선을 다했지만 자신을 돌보는 일에는 소홀했던 것으로 보인다. 안식년이었던 1959년 9월, 인돈은 미국에서 또다시 수술을 받아야 했고, 귀국한 후에도 건강은 좀처럼 회복되지 않았다. 당시 한국교회는 WCC 가입문제로 분열하고 있었고, 학교는 발전을 위한 예산 마련과 시설 확충을 위한 다양한 어려움을 겪고 있었다. 인돈은 이 모든 일을 감당하며 학교를 이끈다는 것이 불가능하다는 것을 깨닫고 1960년 6월 9일, 학장직을 사임하였다. 그 후 건강을 회복하기 위해 미국으로 돌아갔지만 끝내 하나님의 부르심을 받게 되었다(1960년 8월 13일). 지금 인돈은 남장로회 선교사들과 함께 공원묘지(Black Mountain, NC)에 안장되어 있다.

한남대학교 전경 (한남대학교 홈페이지)

3. 대학의 기독교적 선교와 교육

인돈의 빈자리는 여러 선교사들에 의해 채워졌고 발전을 거듭하던 대전대학교는 1970년, 학교 설립 목적과 이념이 동일한 숭실대학교와의 통합을 결정하고 학교 이름을 숭실과 대전을 합쳐 숭전대학교로 새롭게 출발하였다. 하지만 국내 최초의 양캠퍼스 체제는 서울과 대전이라는 지역차를 극복하지 못하고, 원래 대전대학교 구성원들이 중심이 되어 1982년 12월, "학교법인 대전기독학원"을 설립하여 한남대학교라는 이름으로 분립하였다. 한남대학교는 2022년 기준 10개 단과 대학에 17,963명의 재학생이 다니고 있으며, 420명의 전임 교수와 236명의 교직원아 학생들을 섬기며 가르치고 있다. 한남대학교는 "진리, 자유, 봉사"의 교훈을 가지고 "국가와 사회와 교회에 봉사할 수 있는 유능한 지도자를 배출"하기 위한 교육을 이어가고 있다. 한남대학교는 1학기 동안 "현대인과 성서"(3학점) 과목 그리고 4학기 동안 채플 과목을 수강하게 함으로 인돈 선교사의 교육 선교 정신과 창학 이념을 전수하기 위해 노력하고 있다. 또한 교수와 직원 모두를 위한 예배는 매주 수요일 교직원 예배를 통해 이어지고 있다. 한남대학교의 교목실은 기독교학과의 교수들이 교목으로 겸직하고 있으며, 대학교회가 있어 학원 선교를 돕고 있다.

참고문헌

최영근. 『인돈의 생애와 기독교 정신: 미국 남장로회 선교사 윌리암 A. 린튼 전기』 서울: 한국교회
총연합, 2022.

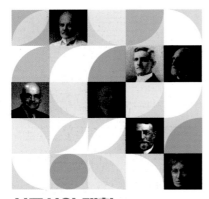

선교사와 대학
연세대학교 교목실 기획 시리즈1

초판인쇄일	2023년 8월 31일
초판발행일	2023년 8월 31일
펴낸이	임경묵
펴낸곳	도서출판 다바르
주소	인천 서구 건지로 242, A동 401호(가좌동)
전화	032) 574-8291
책임 편집	곽호철 정용한
기획 및 디자인	장원문화인쇄
인쇄	장원문화인쇄

ISBN 979-11-979511-9-0